GCSE
French

TEACH YOURSELF BOOKS

An audio-cassette has been produced to accompany this course and is available separately via all good bookshops or, in case of difficulty, direct from the publishers.

For further details please write to the publishers at the address given on page iv, enclosing an SAE and quoting Teach Yourself Books (Dept. MtG/F/Cass.).

GCSE
French

Rod Hares

TEACH YOURSELF BOOKS

Hodder and Stoughton

This book is dedicated to the memory of Richard Dean, one of Newark's bright hopes, who died in a climbing accident in Scotland in August 1985, aged seventeen. Richard was a young man of immense energy and warmth. I hope some of his spirit shines through the more humorous passages in this book, which were chosen with him in mind.

ISBN 0 340 51284 9

First published 1987
Reissued 1989
Impression number   15 14 13 12 11 10 9 8 7 6
Year   1998   1997   1996   1995   1994   1993

Photoset by Macmillan India Ltd Bangalore 25.
Printed in Great Britain for the educational publishing division of Hodder & Stoughton Ltd, Mill Road, Dunton Green, Sevenoaks, Kent TN13 2YA.

CONTENTS

INTRODUCTION

The GCSE French course tests you in the four separate skills of Listening, Reading, Speaking and Writing.

How to use this book

The book is divided into four main sections, following the way the GCSE examines separately the four skills of Listening, Reading, Speaking and Writing. There is also a section of grammar notes, for reference, and a comprehensive vocabulary.

Do not work all the way through one skill, then proceed to another: work on all four skills, a little at a time.

First, work out with your teacher whether you are likely to be entered for the basic or for both levels in a particular skill. Then follow these guide-lines:

Basic Level: Work through each skill section to the double line (e.g. to the end of p. 22 in the Listening Comprehension Section).
Higher Level: Work right through each skill section to the end.

All the texts for the Listening Comprehension work (pp. 1–34) will be found in the book. However, these extracts and much of the Speaking work have also been recorded on a supplementary cassette.

Listening (pages 1–34) Do not work through too much material at a time. Look at the extract twice, or better still, find someone to read it out to you – perhaps a friend or a parent. If you have the supplementary cassette, listen to a taped exercise twice (more often in the early stages) and perform the tasks required, then look through the printed version of what you have heard, listening to the tape version at the same time. Check the things you found difficult, writing down the points if necessary. Look at or listen to the material again the next day. This time, you should aim to understand and remember the meaning of at least three quarters of it.

If you have access to the cassette, listen to it while ironing, washing up, putting on your make-up, gardening, doing the housework, etc., until you are completely familiar with it.

Reading (pages 35–61) Once you have decided the level towards which you are working, tackle the exercises in small but regular doses. If you have a cassette-recorder, it may help you a great deal to speak many of them onto tape and then to play them through.

Once you have been through all the exercises, go back through them again. This second time, aim for eighty to ninety per cent correct understanding.

The Listening Comprehension extracts can also be used as reading exercises. Since the GCSE syllabus is based on the idea of survival in *practical* language situations in French-speaking countries, you will find that much of the material for Listening and Reading Comprehension is very similar.

Speaking (pages 63–95)   Follow the same pattern as with your Listening work. Find someone – a friend, parent or better still someone who speaks good French – to practise with you. Repeat the material in the exercises sentence by sentence and get used to speaking out loud.

If you have the cassette, play through the material section by section until you know it backwards. Try to find alternative ways of giving many of the answers. Find a voice on the tape which you like. Try to imitate it. Become familiar enough with this voice for it to keep coming back to you at odd times during the day. When you begin to feel you know the material, stop the tape after each sentence or long phrase and repeat what has just been said.

Writing (pages 97–127)   Work through the exercises appropriate to your chosen level. Come back to each exercise after an interval and practise it again. Note how much improvement there has been since the first time.

For those exercises where a key is inappropriate, ask your French teacher or someone else with competent written French if he or she would be prepared to check what you have written.

Before the exam
1   Advance preparation
In the last weeks before the exam, revise the material you have practised during the year. Pay particular attention to the corrections, additions and improvements marked on your work by your teacher. Try to find the time to do again some of the year's less successful exercises.

2   Pair work
It will often help to get a friend of similar ability to your own to work through class material and parts of this book with you. This is particularly true of your oral work.

3   Over- and under-working
It is impossible to lay down the exact amount of time an individual should spend on revision, but there is a general rule of thumb concerning Modern Language learning which we will do well to remember: material learnt gradually is remembered more effectively than material learnt in lengthy periods of cramming very close to the exam date.

In the month before the exam, most students will get restless and will feel worried to a greater or lesser degree. You cannot tell people not to worry, and when you have an important hurdle in front of you a little adrenalin is no bad thing. However, there are things you can do to channel your nervous energy productively. Try to meet a target of 2–3 hours' revision a night, averaging 18–20 hours over a week and dividing your time fairly amongst your various subjects.

If you are doing less than 18–20 hours a week studying for a full range of subjects during that last month, then you know you have to increase your work-rate. However, it is often just as unwise to overwork. For most people, more than a regular three hours a night is too much. Try to have a break in the middle of the evening and avoid going to bed immediately you finish your evening's work.

If you normally like to go out two or three evenings a week, then you may well be able to do more than three hours on the remaining evenings. If you are working very hard, you should set aside some time for leisure. You learn better if you can come back to your work fresh from a short absence.

4 Realistic self-assessment and targets
Most of the time, we have a fairly accurate idea of our abilities, but with exam subjects, we may sometimes think we are very much better at our work than we actually are. Here, your teacher can be of great help. He or she will tell you how you are likely to do in French. Armed with this knowledge, set yourself a target of one grade above this (unless, of course, you are predicted to get a Grade A). Work to that level, one grade above expectations (see the section *How to use this book*), and be determined to achieve it. This should allow you a safety net, i.e. with a little good fortune, if you fall short of your target, it will only be by one grade.

5 Self-organisation
There are other ways you can organise yourself, besides keeping to your schedules.

(*a*) *Classify!* Keep a file for your revision notes. Divide it into the four skills: 1 Listening, 2 Reading, 3 Speaking, and 4 Writing. Additionally, file all corrected work and hand-outs which you have received from your teacher(s) under the four sections. This will help you see very clearly your relative strengths and weaknesses, simply by looking at your marks and corrections, section by section.

(*b*) *Materials* If you are not too short of money, it is worth investing in good standard notebooks, files, document wallets, pens, pencils, etc. Try to have your more necessary materials always to hand, so that you can work neatly, check references and save time by not having to hunt for materials before you start an evening's work.

6 Eye- and ear-memory
The memory relies on a mixture of both the eye and the ear, but for most of us, one will be more important than the other when it comes to remembering. Ask yourself whether you learn better by seeing things written down or by hearing them spoken.

If you learn more effectively from what you have heard, and you have access to a cassette, try to tape as much as you can of the more difficult reading material with which you have to deal.

If you find the printed word easier, ask your teacher if you can see a copy of a listening text after you have worked through it.

In this book, you will find a printed version of all spoken material. If you learn better by ear, don't be afraid to speak the reading material onto tape and to play it back.

The day of the exam

1   The night before   You yourself know how you sleep best. Perhaps you need to be physically tired from sport, or you fall asleep after a few pages of an enjoyable novel, or after eating a lot! Try to get as good a sleep as you can, but don't fall into the trap of going to bed hours before your normal time – it seldom works!

2   The morning itself   Try to follow your normal routine, i.e. no heavy breakfast if you normally just have a cup of tea. Make sure you arrive at the exam hall in good time.

3   The exam room   Take a watch or small clock with you, so you can divide your time sensibly. Make sure your materials are in good order – no blunt pencils or leaking pens – and set them out neatly on your table or desk.

4   The exam paper   The pace of the Listening Comprehension and the Oral Exam is determined by the tape and the examiner respectively. However, you have control over the pace of your Reading Comprehension and Writing Paper. Read through each paper briefly and calmly before you start writing, so that you will have some idea of what lies ahead and can make a reasoned choice from any options. After you have completed the paper, give yourself time at the end to check through for errors and omissions.

Individual papers

The listening comprehension   The teacher/supervisor should ensure that:

1   All windows are closed.
2   The tape-recorder is placed so that all candidates can hear it properly.
3   Necessary proper names are written on a board.
4   The beginning of the tape is played to make sure that 2 is complied with.

If any of these is accidentally forgotten by your supervisor, ask politely for it to be done (omitting any one of these four points can affect your performance significantly).

Before the test begins, try to be as calm as you can. Listening comprehension is traditionally a test in which a significant proportion of candidates let their nerves get the better of them, and for understandable reasons. None of us likes being dependent on a mechanical device. Breathe deeply and remember that all questions carry the same weight, so that if you have missed or not understood a question, all is not lost. Try to put the offending question out of your mind and listen for the next one.

You can prepare effectively for the listening test by:

(a) obtaining the recommended tape which supplements this book and playing it as frequently as possible, so that you begin to know it backwards;
(b) aiming to be able to answer most questions after the first hearing, so that you can use the second hearing for filling the gaps;
(c) following the hints given on pp. 1–34;
(d) learning the vocabularies;
(e) listening for voice cues (see pp. 10–11).

The reading comprehension The set time for this test will usually be between 25 and 40 minutes. Most candidates find they are given enough or even ample time. Try to adopt the following pattern when completing a reading comprehension exercise:

1 Except with the individual short questions, read through the whole of the material in an exercise before attempting to answer it.
2 Answer those questions you find easy or you can reasonably cope with first, and come back to the more difficult ones afterwards.
3 Don't be too put off if you can't answer a question. One or two extremely difficult questions are often inserted in both the Listening and the Reading Comprehension, so that anyone obtaining full marks will have earned them! The question you find bewildering may well be that almost impossible one.
4 With multiple-choice questions, look for the most *reasonable* answer. Don't be tempted to choose something that might be right only from a sarcastic point of view.
5 In the year preceding the exam, learn the vocabularies in this book.

The oral exam Most of the exam skills needed are discussed on pp. 63 and 78–80. Try to bear in mind the following:

1 Be polite and pleasant.
2 Try to keep the conversation flowing by giving answers which are not just a short phrase or sentence. Don't be afraid to put two or three sentences together.
3 In general conversation, have the courage to ask the odd question of the interviewer.

4 If you are at a loss for a word and are stuck,
   (*a*) try to change the direction of the conversation, or
   (*b*) ask for the word in French.

To prepare yourself for the oral exam, practise the questions and answers or play through the oral tape frequently until you begin to know the relevant material backwards. Get someone who speaks good French to practise it with you.

The written paper(s) For most people, this is the biggest hurdle. It will often determine whether the most able candidates will get a Grade A, B or C. As with the other papers, study and exam skills for this test can be acquired long before you actually sit it.

To make the most of your potential, remember the following pointers:

1 Stick closely to what is asked of you (e.g. if you are asked to write something 100 words long, *don't* make it 70 or 150 words).
2 In particular, do not write too much. The number of words demanded of you in a set time is usually as much as can be reasonably expected of a candidate. So if you write in excess of the required word total, you will be reducing your chances of doing well, since more errors will automatically creep in and . . .
3 Silly errors do not help you. Train yourself to look for these unforced errors and to eliminate the majority of them.
4 Make sure that where more than one piece of information is required, you have included the correct number of items.
5 Set aside the last ten minutes of your time for checking through your work for errors.
6 Write your French on alternate lines, so that there is more space in which (*a*) to spot your errors and (*b*) to put in neat corrections.
7 When you receive a corrected piece of work from your teacher, write out the correct version of those sentences or long phrases in which you had errors.

Targets
Each of the four skills of Listening, Speaking, Reading and Writing counts for twenty-five per cent of the total marks for the level. You will need to score around eighty per cent of the marks available in the work in a particular skill (sometimes called a *domain*) to get the complete points allocation for that section.

Please ask your teacher to explain this, as it can be rather complicated.

Because the purpose of this book is to help you *make the grade*, some of the work you do will be a little harder than the work you will actually come across in the exam. This is deliberate, to try and give you something of a safety net.

Je vous souhaite bonne chance!

LISTENING

No matter how strong a candidate you may be, you are unlikely to perform well if you do not listen carefully to what you hear. There are many key words and phrases for which you need to listen, since they form patterns, and these will often help you decipher bits of speech which might otherwise escape you.

Here is a short list of some of the more common key material. Make your own list of further common patterns of speech as you work through the book.

If you see	*it tells you:*
-erie	*some sort of shop/place where things are made*
fermé/ouvert	*closed/open*
interdit de/défense de	*something is not allowed*
de (8) heures à (10) heures	*from (8) o'clock to (10) o'clock*
municipal	*likely:* town *building or service*
secours	*emergency or help*
en panne	*something is out of order/broken down*
prière de. . .	*you are requested to . . .*
tarif	*prices are being discussed*
à louer	*something is for hire or rent*
à vendre	*something is for sale*
gratuit	*something is free of charge*
non compris	*something is not included in the price*
nom . . . prénom	*names are being discussed, possibly a form is being filled in*
ne . . .ez pas	*someone is being asked not to do something*
forfait	*people are talking about flat-rates*
moins de. . .	*something is* less than *the number mentioned*
il faut s'adresser à. . .	*someone is being told whom to contact*
piéton(ne)	*something about pedestrians*
sauf. . .	*except for . . .*
X vient de. . .	*X has just done something*

Voice cues
You can learn a lot from the sound of the voices. When listening to extracts in French, try to work out whether the people sound angry, cheerful, miserable, bored, enthusiastic, frightened, excited, etc. If you can work out the mood of the speakers, it may sometimes be enough for you to answer the question correctly!

LISTENING
1 Eating out

Pratique 1   Match each statement with the right short conversation:

(*a*) The waiter will speed things up, as they are in a hurry.
(*b*) They take the tourist menu.
(*c*) They have not yet seen the menu.
(*d*) Her choice is the dish of the day.
(*e*) They don't want a set menu.
(*f*) For them, it's the 60 fr. menu.
(*g*) They will have wine from the owner's own selection.
(*h*) Dry white wine goes with fish!

Answers: (a) 8, (b) 3, (c) 1, (d) 5, (e) 4, (f) 2, (g) 7, (h) 6.

Pratique 2   Vrai or Faux?
Each English statement refers to the French conversation of the same number. Write down ✓ or ✗ according to whether you think it is true or false:

1 She is quite prepared to drink and drive.

2 The lady prefers her steak quite well cooked.

3 The diner would like an additional salad.

4 They are discussing the sweet, after the main meal.

5 Someone cannot resist cheese!

6 The customer only leaves a tip if he or she wants to.

7 She wants a drink before the meal.

8 The person is ordering the last course, plus a little drink to settle the nerves.

Answers: 1 F, 2 V, 3 V, 4 F (no, the *starter course*), 5 F (no, puddings!), 6 V, 7 F, 8 F (no, to settle the *stomach*).

1　M1: Messieurs, dames?[1]
　　M2: Le menu[2], s'il vous plaît.

2　M: Vous avez choisi, messieurs, dames?[1]
　　F: Nous allons prendre le menu à 60 fr.[3], s'il vous plaît.

3　F: Qu'est-ce que ça sera?[1]
　　M: Le menu touristique[4], deux fois, s'il vous plaît.

4　F1: C'est quel menu?[1]
　　F2: Nous allons manger à la carte[5], s'il vous plaît.

5　M: Et pour la dame?[1]
　　F: Je prendrai le plat du jour.

6　F1: Et pour boire?[1]
　　F2: Avec ce poisson, un bon vin blanc sec.

7　M1: Et comme boisson?[1]
　　M2: Je crois. . . euh. . . le réserve du patron.[6]

8　M1: Monsieur! Euh. . . C'est que nous sommes un peu pressé!
　　M2: Je vous apporte ça tout de suite.

[1] a standard question from a waiter or waitress [2] the ordinary menu [3] the 60 fr. menu [4] the tourist menu [5] individual dishes, *not* a set menu [6] the house wine

1　M: Qu'est-ce que vous allez boire?[1]
　　F: Quelque chose de non-alcoolisé!

2　F: Je prendrai une entrecôte avec (des) pommes à vapeur.
　　M: Votre steak, ça sera saignant ou à point?
　　F: Assez bien cuit, s'il vous plaît.

3　M: Et avec ça?[1]
　　F: Une salade en supplément.

4　F1: Qu'est-ce que vous prenez comme entrée?[1]
　　F2: Pour moi. . . euh. . . du pâté maison[2].

5　M1: Et après?[1]
　　M2: J'ai un faible pour les desserts!

6　M: Le service est compris?
　　F: Le service est à l'appréciation de la clientèle, monsieur.

7　M: Je peux vous apporter un apéritif?[1]
　　F: Pas pour moi, merci.

8　M1: Et avec ça?[1]
　　M2: Pour moi. . . alors. . . du fromage plus un petit digestif.

[1] a standard question from a waiter or waitress [2] the house pâté

LISTENING
2 Food and drink

Pratique 1   Give a short answer in *English* to each question:

1 The customer is being asked what kind of . . . she wants.
2 What does the customer ask for?
3 To what drink is water going to be added?
4 To what is the pomegranate syrup going to be added?
5 What does the customer ask for?
6 Which is the odd one out of the three drinks?
7 Name the two drinks.
8 What do you think the flavours refer to?

Answers: 1 beer, 2 a coffee with cream and a hot chocolate, 3 mint, 4 shandy, 5 a glass of red wine, 6 tea (the other two both contain coffee), 7 coca-cola, light beer, 8 ice-cream.

Pratique 2   Fill in the gaps:

The person is being asked . . .

1 for a . . . glass.

2 if he wants a . . . cornet?

3 which . . . are available.

4 for . . . different sweet snacks.

5 what kind of . . . is required.

6 how thick the . . . should be.

7 for two . . . slices.

8 how much the items cost . . .

Answers: 1 larger, 2 single or double, 3 snacks, 4 three, 5 ham, 6 slices, 7 thin, 8 each.

1 Pression ou bouteille?
2 Un grand crème[1] et un chocolat, s'il vous plaît.
3 Une menthe à l'eau, s'il vous plaît.
4 Un panaché avec de la grenadine, s'il vous plaît.
5 Un verre de rouge.[2]
6 Un café, un café au lait et un thé.
7 Un coca et une blonde,[3] s'il vous plaît.
8 Quel parfum? Fraise, framboise, groseille, cassis, pomme, pêche, poire, raisin.[4]

[1] café crème [2] vin rouge [3] bière blonde [4] these are all fruit flavours

1 A: Un verre comme ça?
  B: Non, plus grand,[1] s'il vous plaît.

2 A: Un cornet au[2] cassis, s'il vous plaît.
  B: Simple ou double, monsieur?

3 A: Je peux vous servir?[3]
  B: Qu'est-ce que vous avez comme casse-croûtes?[4]
  A: Un croque-monsieur,[4] un croque-madame.[4]

4 A: Vous désirez autre chose?[3]
  B: Une crêpe au[2] chocolat, une galette framboise et une gaufre à la[2] Chantilly, s'il vous plaît.

5 A: Du jambon cru ou du jambon de York?
  B: Celui-ci, s'il vous plaît.

6 A: Vous voulez des tranches comment[5] — fines, normales, épaisses?
  B: Ça m'est égal.

7 B: Donnez m'en deux tranches fines.

8 A: Le prix de la pièce,[6] s'il vous plaît?
  B: C'est 4 fr. 50 la pièce, madame.

[1] *plus* + adj. = . . . er: bigger [2] shows the flavour or filling is going to be mentioned [3] a standard sales question [4] standard café-restaurant items [5] asks *how* you want something (done) [6] each, *not* piece

LISTENING
3 Finding your way

Notes: 1 *ième* is like '-nd', '-rd' or '-th' on an English number, e.g. *deuxième* (2nd), *troisième* (3rd), *quatrième* (4th).
2 Always listen for the *place-words* (prepositions) such as *après, devant,* etc. They will often give you some clue to the place the person is looking for.

Pratique 1 Match the English statements with the right directions in French.

(a) It's the second on the left.
(b) You go straight on.
(c) You go down the avenue.
(d) You take the right.
(e) You go up the street.
(f) You turn to the left.
(g) It's the third after the bridge.
(h) You go past the church.
(i) You go over the level-crossing.

Answers: (a) 4, (b) 1, (c) 9, (d) 3, (e) 8, (f) 2, (g) 5, (h) 7, (i) 6.

Pratique 2 For each direction in French, tick the English to match:

1 You go into the (a) drive, (b) bowling-alley, (c) walkway, (d) park.
2 You go (a) partly, (b) half way, (c) right, (d) almost all the way, along the boulevard.
3 Go right to the end of the (a) street, (b) path, (c) pedestrian zone, (d) alley.
4 It's just in front of the (a) town hall, (b) hotel, (c) hostel, (d) hospital.
5 It's to the left of the (a) clinic, (b) drug-store, (c) chemist's, (d) optician's.
6 It's (a) next to, (b) opposite, (c) far away from, (d) above, the dry-cleaner's.
7 It's next to the (a) coalman's, (b) delicatessen, (c) butcher's, (d) horse-butcher's.
8 It's very near the (a) locksmith's, (b) mosque, (c) ski-slope, (d) newspaper-stand.
9 (a) Take the one-way street, (b) don't take the one-way street, (c) take the 'no exit', (d) don't take the 'no exit'.

Answers: 1 (a), 2 (c), 3 (d), 4 (a), 5 (c), 6 (b), 7 (b), 8 (d), 9 (d).

1 Vous allez[1] tout droit.[2]
2 Vous tournez[1] à gauche.
3 Vous prenez[1] la droite.
4 C'est la deuxième à gauche.
5 C'est la troisième après le pont.
6 Vous traversez[1] le passage à niveau.
7 Vous passez[1] devant l'église.
8 Vous montez[1] la rue.
9 Vous descendez[1] l'avenue.

[1] basic *direction-actions*: make sure you know them well
[2] = straight on (do not confuse with *droit(e)* = right)

1 Vous vous engagez[1] dans l'allée.
2 Vous prenez ce boulevard et vous foncez.[2]

3 Continuez jusqu'au bout de la ruelle.
4 C'est juste devant l'hôtel de ville.
5 C'est à gauche de la pharmacie.
6 C'est en face du pressing.

7 C'est à côté de la charcuterie.

8 C'est tout près du kiosque.

9 N'entrez pas dans la voie sans-issue.

[1] *s'engager dans* to go into [2] *foncer* to go right along

LISTENING
4 Public transport

Pratique 1 Match each statement with the correct item in French:

(a) The passenger is hoping for a young person's reduction.
(b) The lady needs to move quickly, as the coach will soon be leaving.
(c) The lady wants a tube ticket.
(d) A single ticket is required.
(e) The lady is given a time-table
(f) Two returns to Compiègne are needed.
(g) They are talking about two booklets of tube tickets.
(h) The girl is asked to show her student's card.

Answers: (a) 6, (b) 8, (c) 3, (d) 1, (e) 7, (f) 2, (g) 4, (h) 5.

Pratique 2 Vrai or Faux?
Give a ✓ or an × to each of the English statements accompanying the items in French.
Note: Une fiche horaire Try to work this out from the situation. The man is given a train departure time. He says he doesn't understand. The booking clerk says she'll give him . . . ?

1 The traveller receives a piece of paper with the train times on.

2 It's a 68 fr. return ticket.

3 The man is asked whether he has a card entitling him to reduced cost travel.

4 The train should get there 35 minutes from now.

5 There are four flights a day, except for Monday and Saturday.

6 The bus doesn't stop at the bus station.

7 The two trains are half an hour apart.

8 Tickets can be obtained from the red machine.

Answers: 1V, 2F, 3V, 4F, 5F, 6F, 7V, 8F.

1 F: Un aller simple[1] pour Brest, s'il vous plaît.

2 M: Deux aller-retour[1] pour Compiègne, s'il vous plaît.

3 F: Un ticket de métro.[1]

4 M: Deux carnets de métro[1], s'il vous plaît.

5 Fl: C'est combien un aller-retour pour Carcassonne, s'il vous plaît?
   F2: Vous avez votre carte d'étudiant?

6 M1: C'est à tarif réduit?[1]
   M2: Vous avez votre carte jeune?

7 F: C'est à quelle heure le prochain bus pour Dax?
   M: Il part à 19h35. Tenez, voilà l'horaire.

8 F: Et j'arrive à Besançon à 4h.
   M: Oui, mais il faut faire vite.[2] Le car part dans trois minutes.

[1] types of ticket or ways of buying tickets
[2] an urgent tone of voice may give a good clue to the meaning of phrases like this

1 F: Vous avez un départ à 13h25.
   M: Je ne comprends pas.
   F: Tenez. . . je vais vous laisser une fiche horaire.

2 Fl: Quel est le prix d'un billet?
   F2: En seconde, 68 fr. pour l'aller simple.

3 M1: Un aller-retour pour Grenoble, s'il vous plaît.
   M2: Vous avez une réduction?

4 F: Votre rapide part dans dix minutes.
   M: Il met[2] combien de temps?
   F: Quarante-cinq minutes.

5 Fl: Il y a combien de vols aujourd'hui?
   F2: Du lundi au samedi, vous avez quatre vols par jour.

6 M: L'autobus pour Béranger, s'il vous plaît?
   F: Vous prenez la ligne quatre,[4] mais il faut aller à la gare routière.

7 F: Le prochain train est à 7h40 et le train suivant[4] est à 8h10.

8 M: Mmmm! Tenez. . . il faut composter[5] votre billet dans la machine rouge à l'accès au quai!

[1] a card that qualifies you for a reduction [2] takes [3] bus no. 4 [4] the one after [5] put it in the date-stamping machine

LISTENING
5 Shopping

Pratique 1 Match each statement with the right situation in French:

(*a*) The shopper just wants to look around.
(*b*) The person needs a larger one.
(*c*) Has the customer made up his mind? There is no answer.
(*d*) The customer would like the same in another colour.
(*e*) This customer does not like being rushed.
(*f*) The item suits the customer very well.
(*g*) It's the right size. Does the customer want to try it on?

Answers: (a) 1, (b) 5, (c) 2, (d) 4, (e) 3, (f) 7, (g) 6.

Pratique 2 Answer the questions in English on each of the items in French:

1 F1: Vous le prenez?
   F2: Non, je prendrai plutôt le T-shirt avec le message.

2 F1: Je prends celui-ci. C'est combien?
   F2: Le prix est indiqué.*

3 M1: Ce plateau vaut 125 fr.!
   M2: Tant que ça!*
   M1: Mais oui, il est décoré main!

4 F: C'est pour offrir?

5 F: Je vous fais un petit paquet?

6 M: Merci bien.
   F: Je vous en prie. A votre service.*

7 F: Vous pourriez me faire une facture?
   M: Certainement, mademoiselle.
   F: Merci beaucoup. C'est pour mon chef.

* Tone of voice in these kinds of phrases may often give you a clue as to the feelings being expressed, i.e. determination, enthusiasm, abruptness, surprise and cheerfulness.

1 M: Je peux vous servir?
    F: Est-ce que je peux regarder, s'il vous plaît?
    M: Volontiers, mademoiselle.

2 F: Vous avez décidé?

3 M: Est-ce que vous avez fait votre choix?
    F: Je vais réfléchir.*

4 F: Vous avez le même en vert?

5 M: Vous en avez un plus grand?

6 F1: Vous l'avez en quarante-deux?
    F2: C'est une taille quarante-deux. Vous voulez l'essayer?

7 M1: Qu'est-ce que tu penses?
    M2: Il te va très bien.*

1 What will the customer take instead?

2 What does the sales assistant say rather sharply?

3 Why does the dish cost so much?

4 In what way is this assistant being helpful?

5 What is the assistant asking?

6 How does the assistant reply to the customer's thanks?

7 What does the customer need for her boss?

Answers: 1 the T-shirt with the symbol, 2 The item has the price on it, 3 It's hand-painted, 4 She asks if the item is to be wrapped as a present, 5 Almost the same question as in no. 4: Shall she make a little parcel of it for a present? 6 She says, 'Don't mention it. At your service!' 7 an invoice or bill.

LISTENING
6 Accommodation

Pratique 1   Tick the correct answer for each short conversation:

1 The *hotelière* has . . . left: (*a*) only double rooms, (*b*) only single rooms, (*c*) no rooms.
2 The guest is being asked if she wishes to (*a*) book a room and eat at the hotel, (*b*) eat without booking a room, (*c*) have breakfast in her room.
3 The guests require a room (*a*) with twin beds, (*b*) with a shower each, (*c*) each, one with a shower, the other with a bath.
4 The only room left has (*a*) a shower, (*b*) twin beds and a shower, (*c*) a bidet.
5 The guests are being asked (*a*) how many rooms they booked, (*b*) in whose name the booking was made, (*c*) who wants which room.
6 Breakfast (*a*) is in the bar, (*b*) may be taken in bed, (*c*) is not included in the price of the room.
7 The room costs (*a*) 70 fr. (*b*) 90 fr. plus service charge, (*c*) 90 fr. including service charge.
8 The receptionist is asking the guest (*a*) whether he wants a shower or a bath, (*b*) where he wants to have his breakfast, (*c*) if he will accept a room downstairs.

Answers: 1 (c), 2 (a), 3 (a), 4 (c), 5 (b), 6 (c), 7 (c), 8 (c).

Pratique 2   Vrai or Faux?
Listen to the conversations and give the statements a ✓ or a ×.

1 There is a good restaurant next door.
2 The hotel has a restaurant.
3 They've got the last two beds on the first floor.
4 There are no sleeping bags left for hire.
5 The first man is looking for a berth at a camp-site.
6 The first woman is looking for a caravan berth.
7 There is no other camp-site anywhere near.

Answers: 1 V, 2 F, 3 F, 4 V, 5 V, 6 F, 7 F.

1 M: Vous avez des chambres?
   F: Je regrette, nous sommes complet.

2 F: Est-ce que vous avez des chambres de libre?
   M: Je crois bien. Vous voulez manger?

3 F: Nous voudrions une chambre à deux lits, s'il vous plaît.
   M: Certainement, avec douche ou salle de bain(s)?

4 F: Avez-vous une chambre avec deux lits et douche?
   M: Je m'excuse. Il ne reste qu'*une chambre avec bidet.

5 F: Nous avons une réservation.
   M: C'est à quel nom?

6 M: Le petit déjeuner est compris?
   F: Non, monsieur. Il est en 'sus†

7 F: C'est combien, la chambre?
   M: Quatre-vingt-dix francs, service compris.

8 M: Une chambre avec deux lits, une douche, et le petit déjeuner.
   F: Vous le prenez dans votre chambre ou en bas?

* *ne . . . que* only   † *en'sus = en dessus* extra

1 F1: Est-ce que vous faites restaurant?
   F2: Non, mais il y a un bon restaurant à côté.

2 M1: Est-ce que vous faites à manger?
   M2: On ne fait pas restaurant exactement, mais nous pouvons vous servir
        des casse-croûtes.

3 M: Nous voudrions deux lits, s'il vous plaît.
   F: Vous tombez bien! Je peux vous offrir les deux derniers lits. Pour les
      garçons. . . vous êtes au deuxième étage. Vos cartes d'étudiant, s'il
      vous plaît.

4 F1: Un lit et un sac de couchage, s'il vous plaît.
   F2: Un lit, c'est facile, mais nous n'avons plus de sacs à louer.

5 M1: Je cherche un emplacement.
   M2: C'est pour une tente ou une caravane?

6 F1: Avez vous de la place, s'il vous plaît?
   F2: Pour une tente ou une caravane?
   F1: Ni l'une ni l'autre. C'est pour une voiture de tourisme.

7 M1: Vous avez de la place?
   M2: Je n'ai rien. Il y a un autre camping à trois kilomètres.

LISTENING
7 The railway

Give answers in English to the French railway announcements opposite.

1(*a*)   Name the station at which the train is arriving.
   (*b*)   What do the Lille travellers have to do?

2(*a*)   Which kind of train is going to Perpignan?
   (*b*)   When and from what platform does it leave? (2)

3(*a*)   When will the Nîmes train leave?
   (*b*)   What are passengers requested to do?

4(*a*)   What kind of train is the 19.46?
   (*b*)   Is it going to or coming from Lyon?

5(*a*)   What are we told about the 11.52 train to Boulogne?
   (*b*)   Name two things passengers are asked to do. (2)

6(*a*)   Why has the Marseille train been re-routed?
   (*b*)   What will happen at Montpellier?
   (*c*)   What is the announcer doing *on behalf of* the SNCF?

7(*a*)   What has happened on the line and with what results? (2)
   (*b*)   What will happen to the Poitiers train?

8(*a*)   Where does Mlle Bernard come from?
   (*b*)   On what kind of train has she been travelling?
   (*c*)   Where is she requested to go and why? (2)

9(*a*)   What is the announcement about?
   (*b*)   What happened 20 minutes ago? (2)
   (*c*)   How is the person dressed? (3)
   (*d*)   Give three other details about this person? (3)
   (*e*)   Where is the office to which one should go? (2)

Answers: 1(*a*) Arras, 1(*b*) change to platform 7b; 2(*a*) express; 2(*b*) 3 mins.,
Platform 3; 3(*a*) it is about to; 3(*b*) close all doors; 4(*a*) high-speed train or APT;
4(*b*) coming from; 5(*a*) it leaves in 4 mins.; 5(*b*) get in, close doors; 6(*a*) work on
the track; 6(*b*) change trains; 6(*c*) apologising; 7(*a*) a mechanical breakdown,
delays; 7(*b*) at least 1 hr. 45 late; 8(*a*) Marseille; 8(*b*) see 4(*a*); 8(*c*) information
office, secretary waiting; 9(*a*) search for 3-year-old boy; 9(*b*) mother lost him
at info office; 9(*c*) multi-coloured pullover, dark green sports trousers, with a
Lacoste motif; 9(*d*) answers to the name of Patrick, has a crew-cut, talks very well
for his age, carrying a football; 9(*e*) at the top of the escalator, opposite the
newspaper stand.

1 Ici Arras! Ici Arras! les voyageurs à destination de Lille, correspondance quai numéro sept bis.

2 Le rapide en direction de Perpignan va partir du quai numéro trois dans trois minutes.

3 L'express à destination de Nîmes est sur le point de partir du quaî numéro huit. Fermez toutes les portières, s'il vous plaît.

4 Attention! Attention! Le TGV de 19h46 en provenance de Lyon arrive en gare, quai numéro huit.

5 Attention! Le train de 11h52 à destination de Boulogne va partir dans quatre minutes. En voiture, s'il vous plaît. N'oubliez pas de fermer les portières!

6 Messieurs, Dames! En raison des travaux sur la voie, le train de 15h15 à destination de Marseille n'est plus direct. Correspondance à Montpellier. La SNCF prie ses aimables passagers de bien vouloir l'excuser pour ce désagrément.

7 Attention, Messieurs, Dames! Malheureusement, à cause d'un défaut mécanique, nous prévoyons des retards pour les trains de la ligne Bordeaux–Paris. Le rapide de Poitiers qui devait arriver à 22h précises[1], arrivera à 23h45 au plus tôt. La SNCF regrette ce délai, et nous prions tous ceux qui attendent l'arrivée de ce train de bien vouloir nous excuser.

8 Mesdames et Messieurs, votre attention s'il vous plaît! Mlle Annette Bernard, passagère du TGV en provenance de Marseille, qui vient d'arriver au quai numéro un, est priée de se rendre immédiatement au bureau d'informations où l'attend son secrétaire.

9 Attention, s'il vous plaît! Mesdames et Messieurs, on recherche un petit garçon de trois ans. Sa mère l'a perdu il y a[2] vingt minutes au bureau de renseignements. Il est habillé d'un pull multicolore et d'un pantalon de sport vert foncé avec le motif 'Lacoste'. Il répond au nom de Patrick, a les cheveux en brosse et parle très bien pour son âge. Autre détail: il portait un ballon de foot. Celui ou celle qui trouve ce garçon est prié de l'emmener au bureau de renseignements qui se trouve en haut de l'escalier roulant et en face du kiosque à journaux. On vous remercie d'avance de votre participation.

---

[1] exactly 22h [2] 'ago' with time [3] Make sure that

LISTENING
8 On the telephone

Pratique 1 You are working in a small French restaurant during the long holidays and it is part of your job to take telephone bookings for meals. Use the telephone message to complete a reservation, giving the following details in French:

1 Nom: Monsieur . . . , **2** Heure, **3** Nombre de personnes, **4** Menu,
5 Repas enfants, **6** Date.

Voulez-vous dire à Alphonse que quelqu'un a fait une réservation téléphonique pour 8h15, demain, le 13 avril. C'est un Monsieur Blanche ou Branche, je n'en suis pas sûre. C'est pour six personnes et c'est le menu à 58 fr., plus un repas enfant. Alors. . . sept personnes en tout. Je vous remercie.

Answers: 1 Blanche, or Branche, 2 8.15, 3 6 people, 4 58 fr., 5 one, 6 13 April

Pratique 2 You have been left a recorded message by Mme Forestier, with whom you are staying. Answer the questions in English, then write down, also in English, the seven items she hopes you will fetch for her.

1 Why has Mme Forestier left a recorded message?
2 Where is the Montlaur hypermarket?
3 Where will you find the money?

Ici, Madame Forestier. Vous avez vu le petit message dans la cuisine. Je m'excuse, mais je n'ai pas eu le temps de faire une liste. Soyez gentils, les jeunes Britanniques, et allez à l'hypermarché Montlaur d'en face, s'il vous plaît. J'ai laissé un billet de 200 fr. sur la cheminée. Pouvez-vous me rapporter:

> 1 litre d'huile d'olive
> 1 bouteille d'eau minérale
> 1 paquet de beurre non salé
> de la salade
> 3 tranches épaisses de jambon de York
> 1 pile pour ma calculatrice
> 2 pellicules 120
> 1 savon non-parfumé

Je vous remercie.

Answers: 1 no time to write, 2 opposite the house, 3 on the mantelpiece. Items: (a) 1 litre of olive oil, (b) 1 bottle of mineral water, (c) packet of salt-free butter, (d) a lettuce, (e) 3 thick slices of York ham, (f) 1 calculator battery, (g) 1 2 120 films, (g) 1 bar of non-perfumed soap.

LISTENING
9 Minor illness

In understanding conversation, recognising tones of voice can be helpful. In this activity, how do you think the doctor, patient or chemist might sound? Give the right answer for each conversation.

1 The man sounds (a) happy, (b) hoarse.
2 The doctor is (a) worried, (b) amused.
3 The doctor is (a) certain, (b) unsure.
4 The doctor sounds (a) matter-of-fact, (b) humorous.
5 The chemist sounds (a) unsympathetic, (b) helpful.
6 The chemist sounds as if he is giving the patient (a) a telling-off, (b) a gentle warning.
7 The customer sounds (a) cheerful, (b) miserable.

1 F: Qu'est-ce qui ne va pas?
  M: J'ai mal à la tête et à la gorge.

2 M: Tenez. . . vous avez de la fièvre.
  F: C'est sérieux?
  M: Pas du tout. Vous êtes enrhumée!

3 F1: Rien qu'à vous voir . . . vous avez la grippe.

4 M: Je vais vous examiner. Otez vos vêtements de dessus, s'il vous plaît.

5 M: J'ai des piqûres d'insectes sur le cou et la poitrine.
  F: Je vous propose cette crème. Vous la mettez deux fois par jour. Et. . . en voilà une autre. On applique celle-ci avant d'être exposé aux piqûres de moustiques.

6 M1: Comment ça va?
  M2: Ça ne va pas du tout bien. J'ai pris un coup de soleil.
  M1: Je peux vous écrire une ordonnance pour quelque chose de curatif. Quand vous serez rétabli, il vaut mieux rester à l'abri du soleil!

7 M1: Pouvez-vous m'aider? J'ai un mal de gorge, j'éternue et je tousse.
  M2: Sur ce rayon, vous avez des lozenges et des pastilles pour la gorge, plus quelques sirops pour la toux.

Answers: 1 (b), 2 (b), 3 (a), 4 (a), 5 (b), 6 (b), 7 (b).

Pratique 1   You have to go and pay the gas bill for the French family with whom you are staying. Write down in English the eight directions given to you by the mother of the family, which will enable you to find the office.

Je regrette, mais j'ai dû partir à la hâte. Pouvez-vous me rendre un petit service, s'il vous plaît? Avez-vous le temps d'aller au bureau du Gaz de France dans la grand'rue du Mourillon? Autrement, ils vont nous le couper et nous devrons manger des repas froids!

Pour arriver au bureau vous

1   descendez la colline,
2   prenez la piste cyclable pendant 200 m,
3   prenez la troisième rue à gauche, direction centre-ville,
4   allez jusqu'au carrefour et
5   continuez tout droit jusqu'au deuxième feu,
6   puis vous suivez les panneaux indiquant la zone piétonne et
7   vous arrivez à la place de la mairie.
8   Le gaz est au fond de *la place, à côté du commissariat.

Merci bien. Oh, j'avais oublié—je vous ai laissé un chèque dans l'enveloppe sur la table.

* at the back of

Answers: 1 go down the hill; 2 go along the cycle track for 200 m; 3 take the 3rd on the left, signposted town-centre: 4 go right to the crossroads: 5 carry right on to the 2nd set of lights: 6 follow the signs for the pedestrian precinct; 7 these bring you into the square where the town hall is; 8 the Gas Board is at the back of the square, next to the police station.

Pratique 2 You are staying with M. and Mme Joinel and take a phone message for them. Make a note in English of the *main* reason for the phone call (don't get side-tracked!) and of the six points to which the caller needs to have an answer.

Si vous pouvez dire à M. et Mme Joinel que la livraison aura lieu ce jeudi. Avant ça, il faut absolument que nous sachions les détails suivants:

1 s'il y aura quelqu'un à la maison toute la journée,
2 sinon, peut-on laisser la clé chez une voisine?
3 si on peut fermer l'eau hors de la maison,
4 s'il y a déjà une douche en place,
5 la situation de la maison dans le village,
6 s'ils veulent payer par chèque ou par carte de crédit.

Answers: Main reason: to inform the Joinels that they will deliver on Thursday. The 6 points: 1 Will there be someone in all day? 2 If not, can the key be left with a neighbour? 3 Can the water be cut off outside the house? 4 Have they already a shower fitted? 5 Where is the house in the village? 6 Do they wish to pay by cheque or credit card?

Pratique 1 Study the radio weather forecast and tick the appropriate boxes in the tables.

Speakerine:

Et maintenant, les prévisions-météo:

Un peu de tout aujourd'hui. Sur les côtes de la Manche et la Bretagne, de la brume et de la pluie. Sur la côte de l'ouest, il fera du soleil, surtout près de Bordeaux, température douze degrés. A Grenoble, il fera froid et il va neiger, température zéro à trois degrés. Du côté de Marseille sur la côte méditerranéenne, un ciel couvert avec des averses, températures entre neuf et onze degrés.

La Manche et la Bretagne

   Temps

1

sun	
sun & cloud	
fog	
snow	

2

frost	
cold	
rain	
lightning	

La Côte ouest

   Temps

3

sun	
rain	
snow	
frost	

   Température

4

2	
12	
20	
22	

Grenoble

Temps

5

lightning	
fog	
sun	
cold	

6

snow	
rain	
frost	
cloud	

Température

7

0–3	
0–5	
3–6	
10–13	

La Côte Méditerranéenne

Temps

8

sun	
cloud	
fog	
snow	

9

lightning	
showers	
frost	
cold	

Température

10

7–9	
9–11	
19–21	
20–22	

Pratique 2   You have arrived in France on a school exchange visit. It has been arranged that you will join normal school lessons for several part-days and your exchange tells you which lessons you will attend. Fill in the timetable in English.

Tu vas m'accompagner à l'école mardi matin, jeudi après-midi et vendredi toute la journée. Tu auras comme classes:

Mardi matin à 8h30 — science physique, 9h30 — anglais, 10h30 et 11h30 — arts ménagers.

Jeudi après-midi, ça sera: à 2h — allemand, 3h — maths et après ça, nous sommes libres.

Et pour vendredi, qu'est-ce qu'on a? Ah oui: pour commencer, biologie, deux leçons de suite, et après ça, français plus histoire. L'après-midi, on commence par une leçon d'étude privée, puis chimie et on finit par une leçon de sport.

Time	Monday	Tuesday	Wednesday	Thursday	Friday
8.30					
9.30					
10.30					
11.30					
12.30	L	U	N C	H	
2.00					
3.00					
4.00					

Answers: Tuesday: 8.30 Physics, 9.30 English, 10.30 and 11.30 Home Economics; Thursday: 2.00 German, 3.00 Maths, 4.00 Free; Friday: 8.30 and 9.30 Biology, 10.30 French, 11.30 History, 2.00 Private Study, 3.00 Chemistry, 4.00 Sport.

END OF BASIC WORK

You are visiting the Bayeux museum, to see the famous tapestry. While you are there, you hear a recorded message, concerning visitors and the museum. Complete the notes below in English.

Mesdames, Mesdemoiselles, Messieurs,
Soyez les bienvenus dans notre beau musée. Pour vous aider pendant votre visite, il y a des appareils de téléguidage avec un commentaire sur la tapisserie en plusieurs langues — français, anglais, allemand, espagnol, italien. Vous pouvez louer un appareil au kiosque pour cinq francs. Dans notre magasin, il y a toutes sortes de souvenirs, des cartes postales, etc. Le magasin est ouvert de dix heures à dix-huit heures et le musée a les mêmes heures d'ouverture. Nous vous souhaitons une visite agréable.

1 *Téléguidage* cost: ......
2 Commentary languages: ...... (5)
3 *Téléguidage* available at: ......
4 Shop open from: ......
5 Museum closes at: ......

LISTENING
13 Radio and TV reports

Pratique 1 *Le Tour de France*

Study this radio interview and look at the map opposite. Give the number of the stage of the *Tour de France* found most difficult by (*a*) François, (*b*) Philippe, (*c*) Bernard.

Le Tour de France

Présentatrice: Et pour vous, François, quelle est l'étape la plus difficile du Tour de France?

François: Impossible à dire avec précision. Disons,. . . euh. . . pour moi, ça doit être la montagne, surtout les Alpes.

Présentatrice: Et pour vous, Philippe?

Philippe: Pour moi, c'est à peu près la même chose, c'est à dire, la montagne. Mais, je ne parle pas de l'ascension, plutôt de la descente des Pyrénées par exemple, dans le Pays Basque.

Présentatrice: C'est aussi votre avis, Bernard?

Bernard: Pas tout à fait. Chose surprenante, peut-être, comme beaucoup de coureurs, j'ai un peu horreur des plusieurs circuits dans la capitale après toutes les autres étapes.

Présentatrice: Je comprends ça. C'est après tout le point culminant et la conclusion.

Answers: (*a*) 8, (*b*) 7, (*c*) 10.

Pratique 2 *C'est qui la gagnante?* (Who's the winner?)

Below is the line-up for a women's international 1500 metres race. Try and work out from the end of the commentary opposite who took the first three positions.

FIN

←	ITALIE
←	URSS
←	FRANCE
←	GRANDE-BRETAGNE
←	ÉTATS-UNIS
←	ESPAGNE

Answers: 1 USSR, 2 United Kingdom, 3 France.

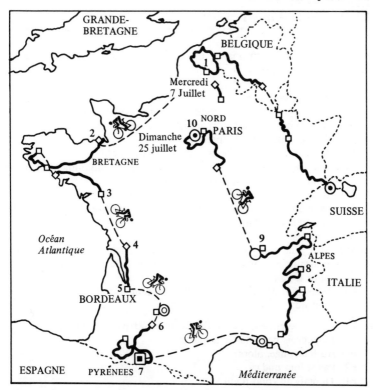

C'est qui la gagnante?

Messieurs, Dames, les téléspectateurs, vous nous rejoignez au bon moment! Il reste seulement 250 mètres de cette course et l'Espagne, l'Italie et les États-Unis ont 10 mètres à rattraper sur les autres. Ces trois n'ont aucune chance de gagner. C'est la Française, Marie-Claire Pisier qui mène, suivie de l'Anglaise Pauline Shaw. En troisième position, il y a la Russe avec le nom que je ne vais pas essayer de prononcer. Maintenant, c'est la Russe qui prend la tête au dernier moment et gagne la médaille d'or. La médaille d'argent va à Shaw du Royaume Uni et en troisième lieu, c'est notre Marie-Claire.

LISTENING
14 People talking 1

Study the extracts, then answer the questions opposite on each one by choosing (*a*), (*b*), (*c*) or (*d*).

1 M1: Je peux vous aider?
   M2: La limousine en deux couleurs m'intéresse beaucoup.
   F: Mais, chéri, elle est trop grande. Elle consomme trop d'essence!
   M1: Alors, vous avez une préférence?
   F: Je préférerais la petite 2CV avec toit ouvrant.
   M2: Mais non, mais non, mais non! Il n'y a pas suffisamment de place pour mes cannes de golf et les chiens!
   M1: Il n'y a pas beaucoup de place, c'est vrai.
   F: Mais elle est très pratique. OK, si tu n'aimes pas la 2CV, prenons la fourgonnette. Elle aussi est très pratique.
   M1: Ça, c'est vrai!
   M2: Moi, je ne veux pas de fourgonnette. Si tu cherches quelque chose de pratique, prenons la voiture de tourisme. Elle est juste ce qu'il faut pour le camping.
   F: Mais oui, Marcel, tu as cent pour cent raison. Je l'adore, cette voiture.

2 F1: Alors, où étais-tu quand l'accident est arrivé? Au garage?
   F2: Je ne crois pas. Plus loin que ça.
   F1: Au feu rouge, alors?
   F2: Pas si loin que ça.
   F1: Tu étais au rond-point?
   F2: Non, mais je me rappelle un carrefour sans feu rouge.

3 Demain, le temps sera variable sur toute la France. Dans le Nord-Est il y aura des averses; en Normandie et Bretagne, vous aurez un temps ensoleillé. Dans le Midi à l'ouest il y aura de la grêle et dans l'est nous anticipons un ciel couvert avec danger de Mistral.

4 Pour gagner demain, elle devra être très en forme et couvrir le terrain très vite. Il y aura aussi des problèmes avec le court. Tout le monde sait que Françoise n'aime pas le gazon. Aussi, s'il y a du vent, elle a tendance à faire des erreurs en l'air.

Answers: 1 (*a*), 2 (*b*), 3 (*c*), 4 (*b*).

1 On which vehicle do the couple eventually decide?
   (*a*) the dormobile, (*b*) the Citroën 2CV, (*c*) the van, (*d*) the two-toned
   limousine.

2 At which spot did the accident take place?

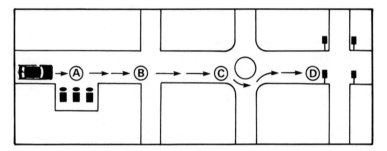

3 The weather man has made a mistake. Which symbol on the map does *not*
   match what he says?

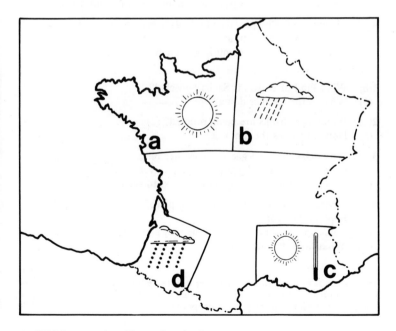

4 Which sport does Françoise play?
   (*a*) table-tennis, (*b*) tennis, (*c*) badminton, (*d*) squash.

LISTENING
15 People talking 2

Pratique 1 Study the extracts, then answer the questions in English.

1 M: Je ne vous ferai pas l'injure de vous présenter Sacha Sénéchal. . .
Simplement, je le remercie d'être venu, en votre nom à tous. Cher
auditoire, voici Sacha Sénéchal!

2 M1: Qu'est-ce que tu prends?
M2: Pour moi, ça sera une pression.
M1: Moi, je prendrai une blonde.
M1: Alors, monsieur, il fait deux heures, le film?
M3: Pas tout à fait. Il y a un petit court-métrage.
   Disons, une heure quarante minutes.

3 Fl: Préparez-moi la note, s'il vous plaît. Il faut absolument que nous
partions tout de suite.
F2: Mais, je ne peux pas vous faire la note. Ça, c'est l'affaire de la
caissière. Les autres patrons sont couchés. Il faudra partir demain
matin. Moi, ce n'est pas ma responsabilité, de faire les notes!

4 F: Écoute-moi, Philippe, il ne faut pas te mettre dans un état pareil. Tu
sais qu'avant tout, tu as besoin de dormir.
M: OK, donne-moi un comprimé et éteins!

1(*a*) What kind of person is Sacha Sénéchal?
 (*b*) What is the speaker doing?

2(*a*) Which two drinks are being ordered? (2)
 (*b*) How long does the film last?

3(*a*) Why does the hotel guest request her bill?
 (*b*) Give two reasons why she cannot be given it. (2)
 (*c*) What does the hotel employee suggest to the guest?

4(*a*) Where does this conversation take place?
 (*b*) Explain the problem.
 (*c*) What do you think might be the lady's mood?
 (*d*) What does the man ask for?

Pratique 2 Study these longer extracts, then answer the questions.

1 F1: Tiens, prends le Guide Michelin et regarde ce qu'il y a à Soissy.
   F2: (*feuilletant*) Attends.... ben, il y a l'Hôtel International, trois étoiles.
   F1: Ça coute cher, hein! Qu'est-ce qu'il y a d'autre?
   F2: Il y a l'Hôtel du Prince de Galles, deux étoiles, avec un assez bon restaurant.
   F1: Ça, c'est une possibilité, mais, s'il est plein, qu'est-ce qu'il y a encore?
   F2: Il y a l'Hôtel de Nice, mais il ne fait pas restaurant.
   F1: Je m'en fiche. On mangera ailleurs. Je connais l'Hôtel. Il a seulement une étoile, mais il est très acceptable.
   F2: Comme tu veux!

2 F1: Je regrette. . . mais, je suis en train de fermer la boutique.
   F2: Je voudrais acheter un collant.
   F1: Ce n'est pas permanent ici, vous savez. Moi, aussi, j'ai droit à mon temps libre. Descendez la rue un peu et vous trouverez une *Nouvelles Galeries*.
   F2: Mais, c'est tout simplement pour un collant!
   F1: Allez au grand magasin. Là, vous aurez tout votre choix.
   F2: Merci pour rien!

1(a) Through what are the two women looking?
 (b) Why is the Hôtel International not a good idea?
 (c) What is the disadvantage of the Hôtel de Nice?
 (d) How do the two women solve their problem? (2)

2(a) What does the second woman need?
 (b) How would you describe the mood of the other woman?
 (c) What suggestion does she offer? (2)
 (d) In what sort of tone do you think the second woman says, 'Thank you'?

Answers: 1 (*a*) the *Guide Michelin*; (*b*) too dear; (*c*) doesn't have a restaurant; (*d*) book Hôtel de Nice, then eat elsewhere. 2 (*a*) a pair of tights; (*b*) cross/rude; (*c*) go down the road, find a department store; (*d*) sarcastic.

LISTENING
16 People talking 3

Pratique 1 Study the extracts, then answer the questions in English.

1 F: Tu devrais te calmer, mon chéri, tu as une drôle de figure.
   M: Qu'est-ce que tu veux? Je ne peux plus fermer l'œil. Toute la nuit, tu te
      tournes et te retournes dans le lit et quand je m'endors vers six heures,
      c'est pour avoir des cauchemars!

2 F1: Qu'est-ce qui t'arrive? Tu es trempée. Tu vas prendre froid.
   F2: Ce n'est rien.
   F1: Si! Il y a de l'eau sur le gaz. Je vais te faire une bouillotte. Tu as les
       mains et les pieds gelés!

3 M: Oh, pardon, madame. J'ai appuyé sur le sixième. Vous n'allez peut-
      être pas si haut?
   F: Ça ne fait rien. Je suis au cinquième. Je peux descendre par l'escalier.

1(a) Why is the man making such a face?
 (b) What does he blame for the problem?
 (c) What happens towards 6 o'clock? (2)

2(a) Why is the first woman worried? (2)
 (b) What is the first woman going to do?
 (c) Why?

3(a) Where does this conversation take place?
 (b) What mistake has the man made?
 (c) What solution does the woman suggest?

Answers: 1 (a) can't get to sleep; (b) his wife's tossing and turning; (c) falls asleep, has nightmares. 2 (a) other woman soaked, likely to catch cold; (b) get her a hot water-bottle; (c) hands and feet frozen. 3 (a) in a lift (= elevator); (b) gone up too many floors; (c) can go down the stairs.

Pratique 2 Study these longer extracts, then answer the questions.

1 M: C'est peut-être un peu démodé d'offrir des fleurs aujourd'hui. . . et puis, tu n'es jamais chez toi. . . Tu dois trouver ça un peu idiot. Si tu veux les jeter, je comprendrai. . .

   F: Pas du tout, ça me fait plaisir. Je t'assure, quoique je n'ai pas l'habitude qu'on m'offre des fleurs. Vraiment, c'est très agréable, beaucoup mieux que des chocolats ou une bouteille de vin.

2 M: Dieu merci, tu es encore là! J'étais persuadé que tu étais partie. Je suis arrivé quelques minutes en retard et j'ai vu un avion décoller. J'ai pensé que c'était le tien. Heureusement que j'avais tort!

   F: Oh, tu sais, ici, il décolle un avion toutes les sept ou huit minutes.

3 F: Vous êtes venu m'attendre hier?

   M: Oui, je suis venu comme prévu, mais j'ai appris que le vol avait été retardé de 24 heures. Malheureusement, je n'ai pas su la raison.

   F: Je suis vraiment désolée, mais vous savez, à Grenoble il y a quatre fois plus de neige qu'ici. Écoutez, la prochaine fois on pourrait faire autrement. S'il y a un changement d'horaire, je vous enverrai un télégramme.

1(*a*) Why is the man embarrassed?
 (*b*) Describe the woman's attitude.

2(*a*) Where does this conversation take place?
 (*b*) What did the man think had happened?
 (*c*) Why was this an understandable mistake?

3(*a*) Why has the man come for the second time in two days?
 (*b*) What caused the problem?
 (*c*) How does the woman suggest they avoid this situation in future? (2)

Answers: 1 (*a*) thinks the flowers may not be right/woman may think it old-fashioned, etc.; (*b*) pleased. 2 (*a*) at an airport; (*b*) the woman's plane had gone; (*c*) a plane leaves every 7 or 8 mins. 3 (*a*) the flight delayed 24 hours; (*b*) 4 times as much snow in Grenoble; (*c*) will send telegram, if change of schedule.

LISTENING
17 Interviews

Pratique 1 *Marie-Anne*
Study the interview, then answer the questions in English.

Marie-Anne, Mannequin

Présentateur: En fin de compte, vous êtes contente d'avoir choisi ce métier ou le regrettez-vous des fois?

Marie-Anne: Je n'ai pas de regrets. . . absolument pas. . . Je suis très contente. Enfin, il n'y a qu'un an que je suis mannequin. Et, vous savez, tout le monde sauf mon fiancé me dit que j'en aurai assez au bout d'un ou deux ans. . . Il faut accepter la possibilité. . . Ce qui est vrai, c'est qu'il y en a beaucoup qui abandonnent au bout de deux, trois, ou quatre ans.

Présentateur: Et qu'est-ce qu'elles deviennent?

Marie-Anne: Pour la plupart, elles se trouvent un mari. . . (*elle rit*) Au début, vous savez, mes parents. . . je les adore, ils sont merveilleux . . . Mais, ils ne voulaient absolument pas que je fasse un tel métier. . . Ils disaient que c'est un métier de snobs et que je ne travaillais que pour les riches. . . et puis, maintenant, ils sont tout à fait d'accord là-dessus. Ils sont même fiers de moi!

Présentateur: Et qu'est-ce que vous allez faire maintenant?

Marie-Anne: Je voudrais travailler pour un grand couturier comme Chanel, Balmain ou même Dior.

Présentateur: Je crois que vous avez certainement suffisamment de talent pour ça!

Marie-Anne: Merci beaucoup.

Présentateur: Au contraire, c'est moi qui vous remercie!

1 What is Marie-Anne's attitude to her career?
2 What is her job and how long has she been doing it?
3 What did almost everyone say?
4 Who did not say this?
5 Why do most young colleagues leave the profession?
6 How did Marie-Anne's parents feel when she started?
7 How do they feel now?
8 What would Marie-Anne like to do now?
9 How does the interviewer react to Marie-Anne's hopes?

Answers: 1 she has no regrets/is very happy; 2 a fashion model, one year; 3 she would have had enough after a year or two; 4 her fiancé; 5 they find a husband; 6 they did not want her to become a model; 7 proud; 8 work for a great fashion designer; 9 he feels she has enough talent.

Pratique 2 *Gilbert Chichportich*
Study the interview then answer the questions.

Gilbert Chichportich, hôtelier, restaurateur

Rod: Alors, Gilbert, tu as cinquante ans et tu es hôtelier ici, à Montreuil, mais tu n'es pas de la France métropolitaine. Tu habites en France depuis quand?

Gil: Depuis une vingtaine d'années en tout.

Rod: Pour quelle raison as-tu quitté l'Afrique du Nord?

Gil: Tu sais, Rod, à dix-huit ans j'étais militaire. J'ai fait la guerre en Algérie. Après ça, lorsque je suis retourné au Maroc, j'ai pensé que la situation deviendrait la même.

Rod: Je n'avais pas la moindre idée que tu habitais le Maroc.

Gil: En effet. C'était à Rabat. Mais, pendant mon enfance, j'ai vécu en Algérie. Ma famille était pied-noir et comme tu savais mon père était commerçant.

Rod: Et ton père, Gilbert, qu'est-ce qu'il faisait exactement comme métier?

Gil: Mon père. . . il était négociant dans le bazar.

Rod: Et ça veut dire?

Gil: Ça veut dire qu'il faisait un peu de tout et de rien. Il marchandait. Il vendait, il achetait, il avait des combines.

Rod: Et ta mère?

Gil: Ma mère travaillait avec lui.

Rod: Parle-moi un peu de ta mère.

Gil: Il n'y a pas grand'chose à dire, parce que sa mère, c'est sa mère. Elle était très gentille pour moi.

Rod: Elle était Française?

Gil: Oui et non. Elle est née au Pérou de parents français et elle a vécu en Algérie.

Rod: Pourquoi est-ce que tu as fini par quitter le Maghreb?

Gil: Comme je t'ai déjà dit, j'ai été soldat pendant la guerre d'Algérie. Quand je suis revenu au Maroc, il semblait y avoir une tension qui n'allait pas se résoudre. Il valait mieux partir avant qu'après. C'était plutôt une attitude réaliste. Ce n'était pas une question de peur, plutôt de réalité.

Rod: Et quand est-ce que tu es arrivé en France?

Gil: Je suis allé à Paris le 2 mars 1956 et j'ai travaillé comme manutentionnaire.

Rod: Ça veut dire quoi exactement, 'manutentionnaire'?

Gil: Un manutentionnaire est quelqu'un qui emballe les pièces, les produits, dans une usine.

Rod: Où est-ce que tu as appris le métier de restaurateur?

Gil: À Paris et ici. Je tiens l'Hôtel Bellevue ici à Montreuil depuis six ans.

Rod: Pour toi, Gilbert, quelles sont les différences entre ta vie dans le Maghreb et en France?

Gil: Pour être honnête, Rod, le problème majeur, c'est le déracinement. Quand on vivait là-bas, on avait ses amis d'enfance. Au moment de l'indépendance, les Européens sont rentrés en France et ils se sont éparpillés un peu partout. Le mal du pays, on peut le satisfaire avec un ticket d'avion, mais les copains. . . ça, c'est autre chose.

Rod: Autre chose?

Gil: Oui, autre chose. C'est ça, le drame: je ne retrouve plus personne que j'ai connu pendant ma jeunesse.

Rod: Je comprends, mon vieux.

1   What do we learn of Gilbert from the interviewer's introduction? (3)
2   What was Gilbert at the age of 18?
3   Where was he at that time?
4   To where did he return?
5   What was his family?
6   What did his father do in his job? (5)
7   Why can't he find much to say about his mother?
8   Give three specific details about Gilbert's mother. (3)
9   Explain why Gilbert left North Africa.
10   What does he find difficult about living in France?

Answers: 1 he is 50, runs an hotel and is not a native of mainland France; 2 a soldier; 3 Algeria; 4 Rabat, in Morocco; 5 *pied-noir*; 6 a little of everything, haggled, sold, bought, used his connections; 7 one's mother is one's mother; 8 she was born in Peru, of French parents, and lived in Algeria; 9 growing tensions in Morocco; 10 he misses old friends.

READING

Many of the skills you have already developed to help you with your Listening will be of considerable use to you for the Reading test, so look back at the hints on p. 1 before attempting this section.

Just as your ear needs to be trained in Listening Skills, in Reading Skills you need to use your eyes. Work through the exercises one by one, until you have reached your top level.

General Hints

The Reading papers test your ability to understand those items in French which it is important that you should be able to read when you are actually in a French-speaking country. You may be questioned on material ranging from the briefest of public signs (sometimes only *one* word) to quite long newspaper or magazine articles and reports.

Except for the very short items (like those on pp. 37–9, 42–3), you will not be expected to understand *every single word* of what you read, although even in the longest tasks, the great majority of the words you will come across should already be known to you from the general vocabulary lists set by your Exam Board. The all-purpose vocabularies at the back of this book are a rough and ready version of those laid down by the different Boards. If you know pp. 161–80, it will stand you in very good stead for the Reading test(s).

However, if you cannot recognise a word, do not let it throw you. Look, instead, at the sentence in which the word appears and at the surrounding few lines. These will often give you some clues to the approximate meaning of the word, and this may be all you need. On the other hand, much of the quite difficult new vocabulary you may come across in, say, a newspaper report, may have no connection with the questions and the answers you are required to give.

With very *short notices* and *signs*, there is a lot you can do to help yourself by remembering important pointers such as the following:

défense de. . . /il est défendu de. . .	*all tell you that something is* not *allowed or* not *recommended*
(il est) interdit de. . .	
prière de ne pas. . .	
il est déconseillé de. . .	
s'adresser à. . .	*contact . . . (for info.)*
garer, stationner, stationnement (bilatéral), jours (im)pairs	*all have to do with parking*
secours	*refers to some emergency service*

With the *petites annonces*, you are helped by the fact that a standard vocabulary has been developed to make it easy for people to put a long message into a few words:

achète *(I want to) buy*	cherche à. . . *I am hoping (trying) to. . .*
vends *(I want to) sell*	à louer *for hire*
échange *(I want to) swap*	(prix) à débattre *(price) negotiable*
recherche *I am looking for*	

With longer tasks, remember that (*a*) you do not necessarily have to write your answers in full sentences, (*b*) if there is a number in brackets after the question, this tells you the number of pieces of information required in your answer. Do your best to ensure you include the right number of points, but do not fall into the trap of writing long paragraphs.

Signals from the text
There are many little points of language which will tell you something about the *shape* of the sentence before you start working out the precise meaning. Take a look at the horoscope on pp. 56–7 and think about the following points:

Bélier:
ne . . . pas   There must be a negative action here.
il faut. . .   Something will *have* to be done.
que   Links two parts of the sentence, usually as 'that'/'which'.
-ez   The ending tells us the word is almost certainly an action.

Gémeaux:
les. . . /une. . . (and elsewhere *le/la/des*)   The word that goes with them is almost certainly a *noun* (*naming-word*).

Cancer:
de + word ending in *-er/-ir/-re*   This word is highly likely to be an action.
attentif   A word ending in *-if/-ive* is highly likely to be a *describing word (adjective)*. There will probably be a very similar word in English.

Vierge:
réellement   *-ment* is quite often the equivalent of the English *-ly*: so, *réellement* = really.

Capricorne:
en . . .ant   by (do)ing/in (do)ing.

READING
1 Emergencies

Look at the signs below and find:

(*a*) two ways of saying 'police station'.
(*b*) two which contain the idea 'emergency'.
(*c*) three connected with the fire service.
(*d*) two ways of saying 'police alarm'.
(*e*) the Red Cross.
(*f*) the First Aid Post.
(*g*) roadside emergencies.
(*h*) a sign showing 'emergency exit'.

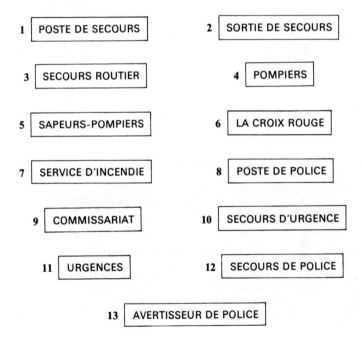

1 | POSTE DE SECOURS

2 | SORTIE DE SECOURS

3 | SECOURS ROUTIER

4 | POMPIERS

5 | SAPEURS-POMPIERS

6 | LA CROIX ROUGE

7 | SERVICE D'INCENDIE

8 | POSTE DE POLICE

9 | COMMISSARIAT

10 | SECOURS D'URGENCE

11 | URGENCES

12 | SECOURS DE POLICE

13 | AVERTISSEUR DE POLICE

Answers: (*a*) 8, 9 (*b*) 10, 11 (*c*) 4, 5, 7, (*d*) 12, 13 (*e*) 6, (*f*) 1, (*g*) 3, (*h*) 2.

READING
2 Cafés and similar places

Pratique 1 Which of the signs opposite tell(s) you that the place . . .

(*a*) sells take-away food?

(*b*) sells chips?

(*c*) is a road-side inn?

(*d*) sells pancakes?

(*e*) sells cakes?

(*f*) offers a special meal every day?

(*g*) sells cooked dishes/meals?

(*h*) is something like an English pub? (4)

(*i*) is self-service? (2)

(*j*) sells snacks? (3)

Answers: (*a*) 14, (*b*) 9, (*c*) 5, (*d*) 8, (*e*) 11, (*f*) 12, (*g*) 13, (*h*) 1, 3, 4, 10, (*i*) 2, 7, (*j*) 6, 15, 16.

Pratique 2 *Cherchez l'intrus!* (Find the odd one out!)

1 (*a*) marché (*b*) supermarché (*c*) hypermarché (*d*) place du marché.

2 (*a*) réception (*b*) caisse (*c*) vente (*d*) renseignements.

3 (*a*) prix bas (*b*) prix réduits (*c*) prix chocs (*d*) prix vacances.

4 (*a*) rabais (*b*) promo. (*c*) réclame (*d*) prenez un sac (*e*) performance.

5 (*a*) servez-vous (*b*) ne pas se servir (*c*) on vous sert (*d*) ne pas toucher à la marchandise.

6 (*a*) vente exceptionnelle (*b*) après-vente (*c*) derniers soldes (*d*) soldes d'été.

Answers: **1** (*d*), **2** (*c*) (others refer to parts of a store), **3** (*a*) (others tell of actual price *reductions*), **4** (*d*) (others have to do with sales and special offers), **5** (*d*) (others give information as to how you will be served), **6** (*b*) (i.e. *after-sale service:* the others advertise sales and bargains).

1 bistro(t)

2 libre-service

3 brasserie

4 buvette

5 relais

6 buffet de gare

7 caféteria

8 crêperie

9 friterie

10 bar-restaurant

11 pâtisserie

12 plat du jour

13 plats cuisinés

14 plats à emporter

15 casse-croûtes

16 croque-monsieur

READING
3 Looking at print

Pratique 1   Read the ticket carefully, then answer the questions in English.

```
┌─────────────────────────────────────────────────┐
│ PLACEZ CE TICKET DERRIERE VOTRE PARE-BRISE        │
│ VISIBLE DE L'EXTERIEUR                             │
│                                                    │
│ EXPIRATION DU TEMPS                                │
│ DE STATIONNEMENT                       3451037     │
│ SEMAINE   JOUR   HEURE MINUTE   SOMME PAYEE        │
│   35 Ma         1516        04 00                  │
│ - - - - - - - - - - - - - - - - - - - - - - - - -  │
│   35 Ma         1516        04 00                  │
│ SEMAINE   JOUR   HEURE MINUTE   SOMME PAYEE        │
│           AIDE A MEMOIRE               3451037     │
└─────────────────────────────────────────────────┘
```

1   What kind of ticket is this?
2   Where should it be placed and why? (2)
3   Which day of the week is stamped on it?
4   What should happen by 3.16 p.m.?
5   How much has been paid?
6   What is the purpose of the small detachable section of the ticket?

Pratique 2 Look at the advertisement, then answer the questions in English.

Le Pistou Knorr, c'est la soupe de légumes comme on la fait en Provence!

D'abord des tomates des carottes des courgettes des poireaux des pommes de terre des haricots blancs et verts une pointe de fenouil et les herbes vives de la garrigue Et puis, tout à la fin, on lui ajoute le pistou savoureux: des feuilles bien vertes de basilic de l'ail et de l'huile d'olive pilés dans un mortier Voilà la vraie recette du pistou. Comme on la fait en Provence. Comme on la fait chez Knorr

Videz dans 1 litre d'eau bouillante

Remuez doucement

20 minutes
Laissez cuire à feu doux pendant 20 minutes en remuant de temps à autre

1 What kind of dish is *le pistou*?
2 Of which French region is it a speciality?
3 What exactly is *le pistou*, which is added at the end?
4 List the three steps in the preparation of this dish. (3)

Answers: 1 vegetable soup; 2 Provence/south-eastern France; 3 a mixture of basil, garlic and olive oil, ground with a pestle and mortar; 4 (*a*) Empty the packet into a litre of boiling water; (*b*) Stir gently; (*c*) Simmer for 20 mins., stirring occasionally.

READING
4 Medical attention

Look at these signs:

| 1 | service d'urgence | 2 | soins d'urgence |

| 3 | médecine générale | 4 | chirurgien-dentiste sur rendez-vous |

| 5 | pharmacie de service | 6 | consultations externes |

| 7 | consultations tous les jours | 8 | centre hospitalier (CH) |

| 9 | hôtel dieu | 10 | centre hospitalier universitaire (CHU) |

Which one would you choose if you wanted:

(a) emergency treatment?
(b) general hospital?
(c) duty chemist's?
(d) GP?
(e) teaching hospital?

(f) emergency service?
(g) dental surgeon, by appointment?
(h) daily surgeries?
(i) university teaching hospital?
(j) out-patients?

Answers: 1 (f), 2 (a), 3 (d), 4 (g), 5 (c), 6 (j), 7 (h), 8 (e), 9 (b), 10 (i)

READING
5 More snacks

Read these signs:

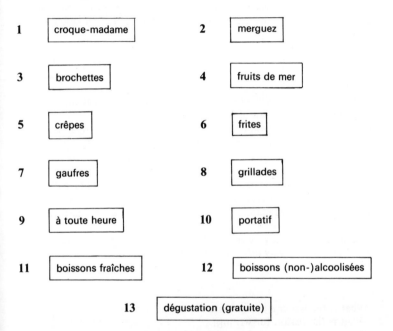

1 croque-madame **2** merguez

3 brochettes **4** fruits de mer

5 crêpes **6** frites

7 gaufres **8** grillades

9 à toute heure **10** portatif

11 boissons fraîches **12** boissons (non-)alcoolisées

13 dégustation (gratuite)

Which sign would you choose if you wanted:

- (*a*) a cool drink?
- (*b*) barbecued food?
- (*c*) a kebab?
- (*d*) spicy sausages?
- (*e*) a waffle?
- (*f*) oysters?
- (*g*) a toasted-cheese snack?
- (*h*) to sample wine?
- (*i*) a shop that was always open?
- (*j*) an alcoholic drink?
- (*k*) chips?
- (*l*) a take-away meal?
- (*m*) pancakes?

Answers: (*a*) 11, (*b*) 8, (*c*) 3, (*d*) 2, (*e*) 7, (*f*) 4, (*g*) 1, (*h*) 13, (*i*) 9, (*j*) 12, (*k*) 6, (*l*) 10, (*m*) 5.

READING
6 Two letters

Because you can speak some French, the manageress of your local tourist information centre has asked you to help her with two letters in French which she has received. Read the letters and give the information requested below, in English.

Letter 1

Madame,

Vous savez que nos deux villes sont jumelées[1] depuis assez longtemps. Je vous écris en tant que[2] dirigeant de notre orchestre municipal.

Pendant son récent séjour chez vous, notre maire a fait la connaissance de[3] votre nouveau maire, qui a suggéré une visite par notre orchestre.

Puis-je proposer la fin d'octobre pour cette visite? Nous sommes une vingtaine[4] en tout dans l'orchestre. Pourriez-vous me dire si éventuellement les habitants de votre ville peuvent nous héberger?[5] Aussi, combien de temps notre visite doit-elle durer et quelles dates précises préféreriez-vous?

Veuillez recevoir, Madame, l'expression de mes sentiments distingués.[6]

[1] twinned [2] in my capacity as [3] made the acquaintance of [4] around 20 [5] put up/accommodate [6] a very polite, formal closure

1 What is the writer's job or status?
2 What is the reason for writing?
3 What is the nature of the correspondence or contact proposed?
4 What is the suggested date?
5 What does the letter suggest as concerns accommodation?

Answers: 1 He is the director of the town band. 2 The mayor suggested he should make the contact. 3 A visit by the band. 4 The end of October. 5 Local people might be prepared to put up band members.

Letter 2

Madame,

Étant[1] artiste, je m'intéresse à votre célèbre peintre local, Edward Minch, et je suis en train d'[2]écrire un article à son sujet. Je vous serais très reconnaissante de me dire[3] si:

1 Il y a des parents d'Edward Minch à Bridgetown qui sont toujours vivants.[4]
2 Vous pouvez me mettre en contact avec eux.
3 Vous avez la date exacte de la mort de Minch.
4 Vous savez la date de son anniversaire.
5 Minch a jamais fait une peinture du pont qui a donné le nom à votre ville.

Je vous remercie d'avance de votre gentillesse.

Dans l'intervalle, veuillez recevoir mes sentiments les plus distingués.[5]

[1] being [2] in the middle of . . . [3] I should be very grateful if you would tell me . . . [4] still alive [5] another very polite way of closing a letter

1 What is the writer's job or status?
2 Give the reason for writing.
3 What information is requested?
4 Give the reason, if any, why this letter may be of interest to the local press or radio.

Answers: 1 She is a painter/artist. 2 She is writing an article about a local painter. 3 Martine wishes to know whether (*a*) Minch has any living relations in Bridgetown, (*b*) she can be put in touch with these people, (*c*) the exact dates of Minch's birth and death are known, (*d*) Minch ever painted the town's bridge.

READING
7 Prices and paying

Match the notices on the left with the English in the right-hand column.

1 faites peser

2 réglez ici

3 réglez au rayon de. . .

4 réglez à la sortie

5 prenez votre chariot ici

6 conservez vos tickets de caisse

7 on n'accepte pas les chèques

8 sortie sans achat

9 . . . fr. la pièce

10 . . . fr. la boîte

11 . . . fr. les deux tranches

12 . . . fr. les 200 grammes

13 . . . fr. la livre*

14 . . . fr. le demi-kilo

15 . . . fr. le kilo

16 . . . la douz.

17 1ère cat.

18 1er choix

(a) cheques not accepted
(b) please pay at the exit
(c) please pay at the . . . counter*
(d) choice goods
(e) please keep all receipts
(f) pay here
(g) first class
(h) get your trolley here
(i) have your purchase weighed
(j) exit when no purchase made
(sans = without)
(k) . . . francs a kilo
(l) . . . francs each
(m) . . . francs a dozen
(n) . . . francs a box (can)
(o) . . . francs a pound (approx.)
(p) . . . francs a half-pound
(approx.)
(q) . . . francs for two slices
(r) . . . francs a half-kilo

* French often leaves out 'please'

* do not confuse with *le livre* (book)

Answers: 1(*i*), 2(*f*), 3(*c*), 4(*b*), 5(*h*),
6(*e*), 7(*a*), 8(*j*), 9(*l*), 10(*n*), 11(*q*),
12(*p*), 13(*o*), 14(*r*), 15(*k*), 16(*m*),
17(*g*), 18(*d*).

READING
8 Places to stay

Match the signs on the left with the English in the right-hand column.

1 chambres à louer

2 chambres d'hôte

3 bureau d'accueil

4 gîte rural à louer

5 auberge de jeunesse

6 logis de France

7 chambres libres

8 complet

9 hôtel de tourisme

10 relais routier

11 camping du lac

12 demi-pension

(*a*) lakeside camp-site
(*b*) rooms for rent
(*c*) youth hostel
(*d*) full
(*e*) tourist hotel
(*f*) rooms available
(*g*) reception
(*h*) bed and breakfast
(*i*) half-board
(*j*) countryside self-catering accommodation
(*k*) a national accommodation organisation
(*l*) (approx.) transport café (and accommodation)

Answers: 1 (b), 2 (h), 3 (g), 4 (j), 5 (c), 6 (k), 7 (f), 8 (d), 9 (e), 10 (l), 11 (a), 12 (i)

READING
9 More letters

Because you know some French, the manageress of a local lost property office asks for your help with two letters, which she has received. Read the two letters and then give the information requested below in English.

Letter 1

Michel Dalmasso,
13, résidence Scélérat,
Toulon
le onze juillet

Monsieur,
Je vous écris parce que j'ai perdu ma montre-bracelet dans votre ville et je crois que je l'ai perdue dans votre caisse d'épargne, mais, pour être franc, je ne peux pas en être certain. C'est une montre à quartz en or et le bracelet est en or plaqué, je crois. Je l'ai perdu il y a* une semaine et, j'avais oublié, il y a un petit peu de sparadrap sur le dos de la montre, parce que ça frotte un peu.

Si vous pouvez m'aider à la trouver, je vous en serais très reconnaissant, parce que ma fiancée me l'a donnée comme cadeau de fiançailles!

Je vous prie de croire à l'expression de mes sentiments distingués.
Michel Dalmasso

* 'ago' with time

1 What item has been lost?
2 Give a description of the item.
3 Where was it lost?
4 When was it lost?
5 Are there any special means of identification?

Letter 2

Nelly Martin,
96, rue des Martyrs,
Dijon

Monsieur,
Pendant l'après-midi du 6 août, j'ai perdu un dossier avec quelques documents scolaires dans votre piscine plein-air. Le dossier est bleu clair et il y a quelques messages en couverture. Je suis presque certaine que je l'ai laissé dans une cabine près des douches.

Si vous en avez des nouvelles, je vous en serais très reconnaissante, et je vous remercie d'avance de votre temps.

Je vous prie de croire, Monsieur, en l'expression de mes sentiments les plus distingués.

Nelly Martin

1 What item has been lost?
2 Give a description of the item.
3 Where was it lost?
4 When was it lost?
5 Are there any special means of identification?

Answers: 1 file with school documents; 2 light blue; 3 swimming-pool cabin, near showers; 4 afternoon, 6 August; 5 a few motifs on the cover.

READING
10 Small ads

You may be expected to cope with a wide variety of small ads, so look *carefully* at the questions *you* have to ask. They may be just as varied. Look also for the occasional tricky question, as in no. 3 or 5(*c*). Question 4 requires some extra thinking. With longer ads, a careful look at the *English* questions will actually give you quite a lot of information before you start. In no. 7, for instance, you know the ad concerns a job for an apprentice, contains some information on wages and offers other attractions to whoever applies, before you start looking at the French.

Study the small ads opposite and answer the questions:

1 What is this advertiser trying to part with?
2 What is this person keen to sell? (2)
3 Which is this advertiser prepared to do – buy, sell or exchange?
4 What is missing or faulty on this individual's moped?
5 (*a*) What are these object made of?
   (*b*) For what two items would Christophe consider exchanging them? (2)
   (*c*) If he sells what he is advertising, how much will it cost?
6 Which must the cards be, clean or written on?
7 What qualifications must the apprentice have? (careful!)
   (*b*) What sort of wages will (s)he receive?
   (*c*) How else does the ad try to tempt candidates?
8 (*a*) Name the two kinds of birds mentioned. (2)
   (*b*) What is the person actually looking for?

Answers: 1 wine bottle labels; 2 twin-track tape-recorder, plus 5 tapes; 3 any of the three; 4 indicators; 5 (*a*) lead, (*b*) book on rockets and a model of Concorde, (*c*) price open to discussion; 6 either; 7 (*a*) no paper qualifications necessary, (*b*) a professional salary, (*c*) mentions smart district; 8 (*a*) canaries, parrots, (*b*) books on these birds.

Petites Annonces

1

> CHERCHE à échanger étiquettes de bouteilles de vin contre programmes de foot.

2

> Vends magnétophone, 2 pistes, plus accessoires et 5 bandes magnétiques pour 495F.

3

> *Cherche à acheter, vendre, ou échanger, films 8 mm.*

4

> **Achète clignotants pour mobylette, environ 35F.**

5

> *Christophe possède plusieurs douzaines de soldats de plomb qu'il aimerait céder ainsi qu'un grand livre sur les fusées et une maquette de* Concorde.
> *Que ceux qui sont intéressés lui écrivent pour débattre éventuellement du prix ou de l'échange.*

6

> ON RECHERCHE **des cartes postales récentes ou anciennes, écrites ou pas, représentant des lieux ou des personnages historiques.**

7

> ON RECHERCHE:
> Apprenti-coiffeur, bac pas nécessaire! Métier intéressant et artistique. Heures raisonnables.
> Gages professionnelles. L'occasion de travailler dans un quartier très chic!
> S'adresser à: CHEZ VINCENT, impasse l'Arlésienne, Paris 3e.

8

> M'intéresse beaucoup aux oiseaux surtout aux serins et perroquets. RECHERCHE des titres d'ouvrage sur ces types d'oiseau précisément (nourriture, cage, couvée).

END OF BASIC WORK

READING
11 Newspaper articles

Using the same technique you have begun to practise with longer small ads, read thoroughly through the English questions before starting to answer. This will give you some idea of what is going on before you look at the French. With the *Biarritz* passage, for example, you can tell from the questions that the article is about a very useful invention which is being tested or on trial, and that some further development is expected by the end of the year.

L'inconnu du Nord Express

Célèbre joueur de tennis, Guy Haines rencontre dans le train qui le conduit de Washington à New York, un certain Bruno qui lui propose un étrange marché: Guy tuera le père de Bruno dont ce dernier veut se débarrasser; en échange de quoi, Bruno tuera Myriam, la femme de Guy, qui refuse de divorcer et l'empêche ainsi d'épouser Anne Morton. De cette manière, les mobiles seront échangés et ne risqueront pas de trahir les deux hommes. Guy refuse le marché et il descend à la station de Metcalf, petite ville où habite sa femme. Il va la voir mais Myriam refuse toujours de divorcer. Or, Guy a oublié son briquet dans le train et Bruno l'a récupéré. . .

1 What does Bruno do on the train?
2 What is Guy intended to do and why? (2)
3 What will Bruno do in exchange and why? (3)
4 Name the advantage of the scheme? (2)
5 For what reason are Guy and Bruno likely to meet again?

Answers: 1 offers Guy Haines a strange bargain; 2 kill Bruno's father, as he wants him out of the way; 3 kill Myriam, Guy's wife, since her refusal to divorce him prevents him from marrying Anne Morton; 4 exchanging motives will give them an excellent cover; 5 Bruno has found Guy's lost lighter.

Biarritz: Allô! me vois–tu?

Biarritz reste bien au niveau mondial le laboratoire du futur, concernant la télécommunication. La station balnéaire est le seul endroit au monde à posséder le visiophone, ce téléphone à images.

Le matériel, ses possibilités, l'accueil des usagers, leurs besoins, tout cela est testé. Sans cesse les progrès sont faits dans le sens de la fiabilité mais aussi pour que le visiophone devienne un outil à part entière.

Aujourd'hui, il fait un pas de plus avec sa sortie grand public au travers de la première cabine visiophonique du monde. Elle est installée dans le bureau de la poste centrale de Biarritz. C'est la première d'une série de dix qui seront mises en service d'ici à la fin de l'année. Elles permettront, à ceux qui ne figurent pas au nombre des 1 500 câbles prévus dans les prochains mois, d'approcher les possibilités du visiophone.

1 For what reason is Biarritz currently so important?
2 Name three of the four things tested.
3 What is the most recent development in the invention?
4 Where is it to be found?
5 What is to happen by the end of the year?
6 Explain the advantage of this new development.

READING
12 The weather forecast

The *météo*, either in the newspapers or on the radio/television, does not fall neatly into the *il fait beau/il fait mauvais* pattern, which you learnt in class when you were talking about the weather. Forecasts have a language of their own. The key words in the two examples are explained in the notes. Read each extract, then answer the questions in English.

30 degrés facilement!

- **Situation générale et évolution.**—Zone faiblement anticyclonique.
- **Prévisions[1] pour la journée du jeudi 22 août.**—Le beau temps chaud persiste[2] sur l'ensemble de la région. les températures maximales atteindront[3] encore facilement les 30 degrés, sauf près du littoral où la brise de mer jouera son rôle modérateur.[4] Le vent sera généralement faible.
- **Pour la plaisance.** — visibilité 3 à 6 milles le matin s'améliorant et devenant supérieure à 8 milles. Brise de S à SW 10 à 15 nœuds dès la fin de matinée. Mer belle.
- **Probabilités pour la journée du vendredi 23 août.**— Persistance du temps ensoleillé[5] et chaud; on notera toutefois des passages nuageux de haute altitude[6] notamment sur Rouergue et Lozère.
- **Quelques températures relevées hier à 17 h.**— Montpellier 27; Sète 27; Mont-Aiguoual 22; Perpignan 29; Carcassonne 33; Nîmes 33; Cap-Bear 24; Millau 32; Mende-Ville 32; Béziers 29.

[1] *prévisions* forecast [2] *persist* to perist, continue [3] highest temperatures will reach [4] its moderating influence [5] sunlit, full of sunshine [6] cloudy periods in the hills

1 Describe the weather recently.
2 Where will temperatures not reach 30° and why? (2)
3 How will the wind be, generally speaking?
4 What will happen to visibility at sea?
5 What is the general outlook for the 23rd?
6 Give details of any exceptions to this pattern. (2)
7 What have almost all the temperatures in common?

Ça va
s'arranger!

La matinée sera brumeuse[1] et parfois nuageuse sur le bassin parisien, mais on reprend espoir l'après-midi! La météo nous promet quelques belles éclaircies,[2] même si les températures restent encore au plancher[3]: pas plus de 22° C, aujourd'hui.

Sur les côtes de la Manche et la Bretagne, ça commence comme d'habitude: nuages et pluies, bien fines, bien froides, mais de la Vendée à la Normandie, le soleil revient faire de belles apparitions à partir de la mi-journée.[4] Le thermomètre peut mieux faire:[5] pas plus de 18° C sur les rivages.

Au sud de la Loire, temps aimable. . . Après les quelques brumes matinales[6] sur le Centre et le Sud-Ouest, la journée sera ensoleillée. Attention aux averses[7] sur les Alpes et la Corse, et à un fort mistral[8] sur la Méditerranée!

Là aussi, la température est quelque peu flagada[9]: pas plus de 26–27° C. Un peu faible pour la Côte d'Azur. . .

[1] *brumeux* foggy [2] bright periods [3] at a minimum, rock bottom [4] *la mi-journée* half-way through the day [5] could do better [6] morning mists [7] showers [8] a strong Mistral wind [9] tired, worn out (therefore low)

1 Give three details about today's weather in the Paris region. (3)
2 What does the forecast promise here? (2)
3 What is going to happen from the Vendée to Normandy?
4 How will the weather be, south of the Loire? (2)
5 What warnings are given? (2)
6 How will the temperature on the Mediterranean Coast compare with what is usually expected?

READING
13 Horoscopes

Match each of the comments below with the most suitable horoscope:

1 You'll be able to get out of a sticky situation.
2 A bit of thought for others will do wonders for your image.
3 Today, people around you are not good for your morale!
4 You don't need to worry, things are going very much your way.
5 Today, you can take all the chances you like; the stars are on your side!
6 Don't build up any false hopes. It won't get you anywhere.
7 You were right to behave as you did and you have quite rightly scored over your rival.
8 Decide what you really want.
9 Take the bull by the horns and face the world!
10 Other people have their rights as well as you, which you don't seem to allow them.

A **BELIER   (21.3 au 20.4)**
Ne vous vexez pas pour un oui ou un non, mais aujourd'hui il faut bien admettre que vous ne serez guère encouragé par votre entourage.

B **TAUREAU   (21.4 au 20.5)**
Si vous savez vous montrer conciliant au lieu de toujours remettre tout en cause, vous aurez plus de succès dans vos entreprises.

C **GEMEAUX   (21.5 au 21.6)**
Les autres ont tout comme vous le droit de réclamer ce qui leur semble dû, et même une indépendance d'esprit ce que vous ne leur accordez guère.

D **CANCER   (22.6 au 22.7)**
Si vous voulez améliorer votre image de marque aujourd'hui, il vous suffit de jouer le jeu et de vous montrer attentif aux désirs d'autrui.

E **LION   (23.7 au 22.8)**
Ne remettez pas sans cesse en cause les positions que vous avez prises ou les promesses que vous avez faites. On ne vous comprendrait plus.

F

VIERGE (23.8 au 22.9)
Pour peu qu'on vous dise une chose, vous allez de suite vous en imaginer une autre. Sachez au moins ce que vous voulez réellement.

G

BALANCE (23.9 au 22.10)
Vous avez parfaitement eu raison d'agir comme vous l'avez fait. Vous avez marqué des points sur l'adversaire et c'est une bonne chose.

H

SCORPION (23.10 au 21.11)
Ne vous nourrissez pas de fausses illusions. D'une part, vous perdriez votre temps et, d'autre part, cela ne vous mènerait nulle part.

I

SAGITTAIRE (22.11 au 20.12)
Vous n'avez pas de soucis à vous faire, les événements joueront la plupart du temps en votre faveur et vous n'aurez que l'embarras du choix dans vos actions.

J

CAPRICORNE (21.12 au 19.1)
Ce n'est pas en vous tenant dans votre coin que les choses se feront pour vous. Il faut prendre le taureau par les cornes et agir vite et bien.

K

VERSEAU (20.1 au 18.2)
Prenez les choses comme elles se présentent et n'en faites pas une maladie. De toute manière, vous saurez parfaitement vous tirer d'un embarras épineux.

L

POISSONS (19.2 au 20.3)
Vous ne devez pas craindre de prendre des risques car de toute manière les astres vous protègent particulièrement dans l'après-midi.

Answers: 1 K, 2 D, 3 A, 4 I, 5 L, 6 H, 7 G, 8 F, 9 J, 10 C.

READING
14 Who's for tennis?

Read the five extracts opposite, about tennis stars, then answer the questions in English.

Jimmy Connors
1 What do we learn about his form this year?
2 How does he feel about his US medals?

Kevin Curren
3 Why is Kevin's progress at Flushing Meadow of particular interest to the readers of this newspaper?
4 Why is Kevin likened to a wolf?

Anders Jarryd
5 How is Anders compared with his fellow Swedes?
6 How has he done in Britain this year?

Yannick Noah
7 Why do Yannick's supporters not know quite where they are with him?
8 How has he done in the draw for this tournament?

Boris Becker
9 How has Boris been doing recently?
10 What would be the significance of a victory for Boris?

Answers: 1 hasn't won a tournament since the beginning of the year; 2 they are the most important (he is the most proud of them); 3 he meets 2 Frenchmen in the first 2 rounds; 4 he is waiting to pounce on any rival who makes a mistake; 5 more discreet, but less effective; 6 got to the semi-finals only to lose to the eventual winner; 7 won at Rome and Washington, but got knocked out relatively early at Cincinnatti; 8 it was not too unfavourable; 9 fate seems to have smiled on him for 2 months; 10 he would be the youngest ever to win the American Championship.

JIMMY CONNORS

Tel un ancien combattant, Jimmy Connors arbore fièrement ses médailles. Les plus belles? Celles obtenues chez lui, aux Etats-Unis; cinq victoires à l'US Open (deux à Forest Hill et trois à Flushing Meadow).

L'Américain a seize ans de plus que Boris Becker. Il n'a pas gagné un tournoi depuis le début de l'année mais, devant ses fans du stade Louis-Armstrong de Flushing Meadow, il pourrait une fois de plus retrouver ses jambes de vingt ans. Demi-finaliste à Roland-Garros et Wimbledon, « Jimb » reste un candidat au titre.

KEVIN CURREN

Kevin Curren, tel le loup au coin du bois, guettera le moindre mauvais pas de ses adversaires. L'Américain a de beaux arguments pour convaincre. Finaliste à Wimbledon cette année, les surfaces rapides lui réussissent en général très bien. Curren possède un grand service, puissant et surtout rapide. Il volleye bien et, dans un bon jour, ne craint personne.

A Flushing Meadow, Kevin Curren commencera par un programme 100 % français. Il affronte Guy Forget au premier tour et Henri Leconte au second.

ANDERS JARRYD

Anders Jarryd est le plus discret des tennismen suédois. Mais pas le moins efficace. Le numéro six mondial répond toujours présent dans les grands rendez-vous. A Wimbledon, il a accédé aux demi-finales et n'a succombé que devant le futur vainqueur, l'Allemand Boris Becker.

Même' s'il ne compte qu'une victoire en Grand Prix cette année (Bruxelles), Jarryd s'affirme comme un client sérieux. Une petite restriction: au tournoi de Cincinnati la semaine dernière, le Suédois a été littéralement balayé par son compatriote Joakim Nystrom en huitièmes de finale.

YANNICK NOAH

Les supporters du Français ne savent plus sur quel pied danser. Certes, il a remporté depuis le début de l'année les tournois de Rome et de Washington, mais son élimination en huitièmes de finale du tournoi de Cincinnati par l'Américain Tim Wilkinson laisse planer le doute. Yannick était tête de série numéro trois. Il a pourtant les moyens de faire un bon parcours sur une surface qui lui réussit assez bien (quart de finaliste en 1983).

Le tirage au sort ne lui a pas été trop défavorable: il affrontera le Britannique Jeremy Bates au premier tour. S'il effectue un parcours sans faute, il retrouvera Ivan Lendl en quart de finale.

BORIS BECKER

Boom-Boom 'or' not Boom-Boom? Le jeune Allemand Boris Becker, à qui tout semble sourire depuis deux mois, arrive à New York en conquérant: Wimbledon en juillet, les Etats-Unis en quarts de finale de la coupe Davis avec la RFA quelques jours plus tard, dimanche dernier le tournoi de Cincinnati contre Mats Wilander. (6-4, 6-2).

En cas de victoire à New York, il serait le plus jeune vainqueur de l'histoire des Internationaux des Etats-Unis.

READING
15 Frankie goes to . . . Paris

Read the passage, then answer the questions in English, giving all the necessary information.

20h Porte de Pantin. Au programme du Zénith ce soir, le premier et unique concert en France de Frankie goes to Hollywood, un célèbre groupe britannique.

Le seul inconvénient — tout était déjà complet un mois et demi plus tôt. . . et je n'ai pas de place. Heureusement, comme je l'escomptais, le trafic des tickets «au noir» bat son plein. Mes pensées se lisent-elles sur mon visage? Un revendeur, grand, noir, frêle, me fait signe. «C'est 350F, mais pour toi (œil de velours) je peux baisser jusqu'à 300!» «Non, merci.» Je n'ai aucune envie de me faire plumer. Le tarif officiel de la place, 100F, est déjà assez cher à mon goût. Je reviendrai à la charge plus tard. . .

20h40. Retour à la, case départ.

«Combien la place?»
«150F.»
«C'est encore un peu cher.»
    À ce rythme-là, dans une demi-heure, ils m'en feront cadeau! Je tourne, me retourne, et observe. . . Le noir de tout à l'heure tient encore une liasse de tickets entre ses doigts agiles.
«Bon allez, j'organise une vente. . . 120F la place!» exclame-t-il dans ma direction. Je lui brandis mes sous.
«110F et on n'en parle plus!»
«OK»
Je ne me connaissais pas ce talent pour marchander; j'irai m'exercer aux puces dès le weekend prochain!

Dès l'entrée, je ressens la chaleur, la lumière et le bruit. Je grimpe une volée de marches et me heurte à une foule de corps. La scène est en face, plus bas. J'arrive aux derniers accords du groupe qui passe en première partie. . .
Enfin, les lumières s'éteignent et dans le même temps, deux enseignes lumineuses, emblèmes du groupe, s'allument à chaque côté de la scène. Je retiens mon souffle. Le public hurle littéralement, c'est l'ovation. J'en ai des frissons. Les premiers accords d'un morceau résonnent. Le rideau s'ouvre sur sept personnages de dos.
Le groupe est normalement composé de cinq éléments. Ici, ils sont sept, car on leur a donc adjoint deux musiciens pour parfaire la soupe. Il y a un chanteur, un choriste, deux guitaristes, un bassiste, un clavier, un batteur. . . et un raton-laveur. Tous sont uniformément vêtus de pantalons et bottes de cheval noirs, avec des débardeurs style routier. Seul, le chanteur contraste: il est tout en blanc, veste ceintré, style militaire avec épaulettes.

«Salut, enchanté,» seront les premiers et derniers mots de français prononcés par le chanteur. On enchaîne le second morceau, puis un troisième et ainsi de suite. . . la musique nous assomme à coups de décibels. Les maquillages fondent, les visages luisent de sueur.

(Laura Narlian, *Jacinthe*)

1 Why is the author not too worried at not yet having a ticket?
2 For what reason does she refuse the first offer of a ticket?
3 What does she jokingly think might happen at 9.10 p.m.?
4 How does the ticket tout explain his new price of 120F?
5 What does Laura Narlian do to tempt him to drop his price still further?
6 Why is she so pleased at her purchase and what does she jokingly think she might do as a result? (2)
7 What does she notice as soon as she goes into the theatre?
8 When does she arrive?
9 Describe what happens as soon as the lights go out.
10 How do the fans greet their heroes and what is Laura's reaction? (2)
11 How is the group different from normal on this particular night?
12 Name four different instruments played by the group. (4)
13 Describe how six of the group are dressed. (3)
14 How is the singer dressed? (3)
15 What do we learn about the group's use of French?
16 How does Laura feel about the sound level of the music?
17 At the end of the article, what does she notice about people's faces? (2)

Answers: 1 there is a black-market; 2 doesn't want to be fleeced; 3 they may make her a present of a ticket; 4 says he's having a sale! 5 shows him less money; 6 didn't know she had a talent for haggling; go and work in the flea-market at the weekend; 7 heat, light and noise; 8 just as the supporting group are finishing; 9 the group's sign lights up on each side of the stage; 10 howl an ovation; Laura has the shivers; 11 7 members instead of 5; 12 guitar, bass, keyboard, drum, washboard. 13 same black trousers and leather boots, tight tee-shirt; 14 all in white, in a belted, military-style jacket with epaulettes; 15 only speak 2 words of greeting in French; 16 it is deafening; 17 their make-up is melting, faces are glistening with sweat.

SPEAKING

The work in this skill is divided into three sections: 1 role-play, 2 general conversation, and 3 situation narrative.

In Section 1 (and indeed, in all of the speaking work), if you have the cassette, *listen* to the recorded material several times *before* you start speaking.

If you find your Board requires you to work on Picture Narrative for your Oral Examination, turn to p. 122 in the Writing Section. (Again, if you have the cassette, listen to the narratives before attempting to recount them.)

General hints

1 Wherever possible, avoid giving simple *oui* or *non* answers to the questions you are asked. Try, instead, to give full statements (which need not be full sentences) for answers.

2 Try to give more information than the absolute minimum, e.g.

Examiner: Vous habitez où?

You: Moi, j'habite Weston. + C'est un petit village à huit kilomètres d'ici. + J'aime bien habiter là.

3 *Sounding natural:* Oral tests can be very drab for both you and the examiner if you limit yourself to just answering the questions, so don't be afraid to express your feelings in what you are saying. If, for example, the examiner has hit upon a topic you are keen on, sound *enthusiastic* when you talk. Similarly, don't be afraid to be a little humorous from time to time, as long as you don't overdo it.

4 Try to avoid using bald statements all the time. If you think of the way you speak English, you will realise that you frequently add little words and phrases to give your language a natural flow, e.g.: *Well/Right/Me, I . . . /You see/You know/Let's say . . .*

Look at the following list of similar French expressions and work out which *statement-starters* you can introduce into your French, without its sounding false:

Eh bien. . .	*Well . . .*	Oui, oui, oui!	*Yes, indeed!*
D'accord. . .	*Okay . . .*	Non, non, non!	*No, indeed!*
Moi, je. . .	*Me, I . . .*	Ben, . . .	*Well . . .*
Vous voyez. . .	*You see . . .*	Ah, oui. . .	*Oh yes . . .*
Disons. . .	*Let's say . . .*	Ah non. . .	*Oh no . . .*
C'est que. . .	*It's just that . . .*	Tenez. . .	*Come on . . .*
Bof!	*So what!*	Pouah. . .	*Ugh . . .*
Bah alors, . . .	*Well then, . . .*	Quand même. . .	*All the same . . .*

5 Ask one or two questions of the examiner yourself, if a suitable occasion presents itself. It would not, for example, be out of place to ask him or her what parts of France he or she knew well and what he or she liked about the country.

SPEAKING
Role-play 1

Practise each role-play yourself, before listening to or checking the sample version below. Remember that there are many different ways of saying things, besides those given in the sample.

Saying goodbye

Imagine you are about to return after a holiday in a French-speaking country and that you are saying goodbye to someone. Your teacher, friend, etc., will take the part of this other person.

Basic level
1 Explain that you have come to say goodbye.
2 Say you intend to leave tomorrow.
3 Add that you hope to come back next year.
4 Ask if the person can put you up next year.

Higher level
5 Ask if the person wishes to continue with the school exchange.
6 Ask if the family know someone who could accept a male school-friend next summer.

Camarade: Bonjour! Tu vas partir?

Moi: C'est la fin de mes vacances. Je viens te dire 'au revoir'.

Camarade: Quand est-ce que tu pars?

Moi: Je pars demain vers dix heures. Mais, j'espère revenir l'année prochaine.

Camarade: Espérons-le! Ta visite nous a fait énormément plaisir!

Moi: Puis-je rester chez toi, l'année prochaine?

Camarade: Bien sûr, ça sera très agréable!

Moi: Est-ce que tu vas participer à l'échange, l'année prochaine?

Camarade: Ah, oui. J'y tiens.

Moi: Est-ce que toi ou tes parents, vous connaissez quelqu'un qui pourrait accepter un de mes copains d'école, l'année prochaine?

Camarade: Sans doute. Je vais demander.

SPEAKING
Role-play 2

At the customs
You are going through the customs, having just arrived in France. Your partner will take the part of the customs officer.

Basic level
1 State what nationality you are.
2 Ask if the officer wishes to see your passport.
3 Tell him/her that you have a case and a sports bag.
4 Say you have a British camera in your case.

Higher level
5 Tell the officer that you have 500 fr. in 20–franc notes, plus £40 in traveller's cheques.
6 Ask if it is all right for you to bring in 100 ml of perfume, as you are just under 17.

Douanier: Vous êtes de quelle nationalité?

Moi: Je suis Britannique. Je viens d'Angleterre (d'Écosse, d'Irlande du Nord, du Pays de Galles). Voulez-vous voir mon passeport?

Douanier: S'il vous plaît. Ah, oui, je vous reconnais facilement grâce à votre photo. Qu'est-ce que vous avez comme bagages?

Moi: J'ai une valise et un sac de sport. Les voilà.

Douanier: Avez-vous des objets de valeur sur vous ou dans vos bagages?

Moi: Non. . . si, j'ai un appareil-photo britannique dans ma valise.

Douanier: Et vous avez suffisamment d'argent pour votre séjour?

Moi: Mais, oui. J'ai cinq cents francs en billets de vingt francs, plus quarante livres en chèques de voyage.

Douanier: Très bien, et vous n'avez rien à déclarer?

Moi: J'ai une question. J'ai cent millilitres de parfum. Ai-je le droit de l'apporter, si j'ai un tout petit peu moins de dix-sept ans?

Douanier: Ne vous en faites pas! Passez, et bonnes vacances!

SPEAKING
Role-play 3

At a camp-site

You have just arrived at a camp-site. Your partner will play the site attendant.

Basic level

1 Ask if there is room for a caravan.
2 Ask if there is electricity laid on.
3 Say you would prefer to be near the woods.
4 Ask whether there is a snack-bar and restaurant.

Higher level

5 Ask if the price depends on the size of the caravan.
6 Ask where the gas depot is and whether the shower block has shaver sockets.

Surveillant(e): Alors, je peux vous aider?

Moi: Je voudrais un emplacement pour une caravane. Est-ce qu'il y a des places de libre, s'il vous plaît?

Surveillant: Vous avez de la chance! Il nous en reste une.

Moi: Est-ce qu'il y a de l'électricité?

Surveillant: Oui, la prise est tout près de votre emplacement. Vous êtes près du bois.

Moi: C'est parfait. Je préfère être là. Y a-t-il un libre-service et un restaurant, s'il vous plaît?

Surveillant: Oui, vous avez un grand choix. Regardez le plan du terrain.

Moi: Et le tarif, s'il vous plaît. . . est-ce que le prix dépend de la grandeur de ma voiture?

Surveillant: Non, il y a un tarif fixe — regardez la carte.

Moi: Ah, oui, merci. Où est le dépôt de butane, s'il vous plaît et. . . encore une question. . . y a-t-il des prises pour les rasoirs électriques dans le bloc sanitaire?

Surveillant: Le dépôt est tout près de ce bâtiment, à gauche. Oui, il y a plein de prises!

SPEAKING
Role-play 4

At a garage

You have called into a garage to have car looked at. Your partner will play
the garage attendant.

Basic level

1   Ask if he/she will check your car.
2   Say the clutch is not working well.
3   Ask if he/she will check your brakes too.
4   Say the oil needs checking.

Higher level

5   Ask if the clutch problem is because you use diesel.
6   Tell the attendant you need to phone and ask for the STD code for
    Belfort.

Employé(e): Je peux vous être utile?

Moi: Pouvez-vous vérifier ma voiture, s'il vous plaît?

Employé: C'est quoi, votre problème?

Moi: J'ai des ennuis avec l'embrayage.

Employé: Ben, je vais voir. Est-ce qu'il y a autre chose qui ne va pas?

Moi: Oui, les freins. Pouvez-vous examiner les freins aussi, s'il vous plaît?

Employé: D'accord. . . donnez-nous, disons, . . . deux heures.

Moi: Merci. Je crois que je perds de l'huile. Il faut peut-être la vérifier aussi.

Employé: On le fera.

Moi: Dites-moi, est-ce que le gas-oil pourrait gâter l'embrayage?

Employé: Non, je ne crois pas. Alors, vous voulez attendre ici?

Moi: Non, merci, mais je dois téléphoner. C'est quoi le code pour Belfort?

Employé: C'est le 84.

SPEAKING
Role-play 5

Asking your way

You need to ask your way in a town which is new to you. Your partner will play the passer-by.

Basic level
1 Ask for directions to the swimming baths.
2 Say you have a van, but would prefer to walk, if it is not too far away.
3 Ask if there is a café at the baths.
4 Ask if there is a separate pool for young children.

Higher level
5 Ask where you can park your van.
6 Ask if you need a parking disc.

Moi: Pardon, pour aller à la piscine, s'il vous plaît?

Passant(e): La piscine. . . vous prenez la deuxième à droite, vous passez par le pont, vous montez la colline et puis vous redescendez. Vous la verrez à gauche au bord du chemin.

Moi: J'ai une fourgonnette, mais j'aimerais mieux y aller à pied, si ce n'est pas trop loin.

Passant: Oh, non, ce n'est pas trop loin, quand on est jeune comme vous! Vous en avez pour dix minutes au maximum.

Moi: Il y a un café à la piscine?

Passant: Je crois qu'il y en a deux.

Moi: Savez-vous s'il y a une petite piscine séparée pour les enfants?

Passant: Non, c'est trop petit pour ça. Après tout, ce n'est pas une grande ville.

Moi: Où puis-je garer ma voiture?

Passant: Rien de plus simple. Il y a un grand parking à la piscine.

Moi: Est-ce que j'ai besoin d'un disque pour le parking?

Passant: Non, pas du tout.

Moi: Merci bien.

Passant: Je vous en prie.

SPEAKING
Role-play 6

Shopping
You are buying clothes in a fashion boutique. Your partner will play the sales-person.

Basic level
1 Ask how much the jeans cost.
2 Ask the size of the ones you are holding.
3 Say that's fine and ask the price.
4 Say you don't want them wrapped, but will put them on.

Higher level
5 Say you now want a pair of sports shoes of the same colour.
6 Ask for size 42.

Vendeur/se: Vous désirez?
Moi: Combien coûtent ces jeans?
Vendeur: De 220 fr. à 300 fr.
Moi: Il est de quelle taille, celui-ci?
Vendeur: Taille 40.
Moi: Parfait! J'en prends un. Il fait combien, ce jean?
Vendeur: 240 fr.
Moi: Très bien. Ne l'emballez pas, s'il vous plaît, je vais le mettre.
Vendeur: D'accord.

Moi: Je voudrais aussi des chaussures de sport de la même couleur.
Vendeur: Nous en avons plein. C'est quelle pointure?
Moi: Je chausse du 42.
Vendeur: Les voilà.
Moi: Merci bien.

SPEAKING
Role-play 7

At the post office

You are in a French post office. Your partner will play the counter clerk.

Basic level

1 Ask how much it costs to send a postcard and a letter to the UK.
2 Ask for four stamps for cards and two for letters.
3 Say you would also like to send a telegram.
4 Ask how much it costs per word.

Higher level

5 Ask if the address is counted in the words.
6 Ask how long the telegram will take.

Employé(e): Je peux vous aider?

Moi: C'est combien pour envoyer une carte postale et une lettre au Royaume Uni, s'il vous plaît?

Employé: Pour une carte postale, c'est 2 fr. et pour une lettre. 2 fr. 30.

Moi: Bon, donnez-moi quatre timbres à 2 fr. et deux à 2 fr. 30, s'il vous plaît.

Employé: Très bien. C'est tout?

Moi: Non, je voudrais aussi envoyer un télégramme en Angleterre.

Employé: Certainement. Voulez-vous remplir cette formule, s'il vous plaît?

Moi: D'accord. C'est combien le mot?

Employé: 1 fr. 50.

Moi: Est-ce qu'il faut payer l'adresse, aussi?

Employé: Mais, oui, L'adresse, c'est des mots!

Moi: Quand est-ce que le télégramme arrivera en Angleterre?

Employé: Ce jour même.

SPEAKING
Role-play 8

Public transport – the railway station
You are enquiring about trains at the staion booking-office. Your partner will play the booking clerk.

Basic level
1 Ask what trains there are for Marseille in the evening.
2 Ask if the first train is direct or whether you have to change.
3 Say you want a second-class return.
4 Say you want to reserve a seat.

Higher level
5 Find out whether there is a restaurant service.
6 Ask if it is a high-speed train.

Employé(e): Alors?

Moi: Est-ce qu'il y a beaucoup de trains pour Marseille ce soir?

Employé: Il y en a un à 18h25, 20h37, et 21h54.

Moi: Le premier train, est-il direct ou faut-il changer?

Employé: Il y a une correspondance à Toulon.

Moi: Bien, Donnéz-moi un aller et retour, deuxième classe, s'il vous plaît.

Employé: Un aller et retour, deuxième classe pour Marseille, 210 fr., s'il vous plaît.

Moi: Je peux réserver une place?

Employé: Pas pour ce train, malheureusement.

Moi: Y a-t-il un service-restaurant dans le train?

Employé: Bien sûr. C'est un grand train.

Moi: Ça sera un TGV alors?

Employé: Non, pas ce train, c'est un rapide normal.

SPEAKING
Role-play 9

Public transport – the underground

You are enquiring about tube trains at the ticket office. Your partner will play the clerk.

Basic level

1 Ask what line you have to take for Châtelet.
2 Ask whether you have to change.
3 Ask how much a single ticket and a book of tickets cost.
4 Ask if there are any reductions for students.

Higher level

5 Enquire whether you can use the tickets on the bus routes as well.
6 Request a plan of the *métro* and any other publicity material on the Paris transport system.

Employé(e): Qu'est-ce que vous cherchez?

Moi: C'est quelle ligne pour Châtelet, s'il vous plaît?

Employé: Pour Châtelet, vous prenez la direction Vincennes.

Moi: Il y a une correspondance?

Employé: Non, c'est direct.

Moi: C'est combien un ticket et un carnet?

Employé: Le carnet, c'est 50 fr. Un ticket vous coûte 6 fr.

Moi: Il y a un tarif réduit pour les étudiants?

Employé: Je regrette, non.

Moi: Je peux utiliser ces tickets pour le réseau d'autobus aussi?

Employé: Vous pouvez le faire.

Moi: S'il vous plaît, donnez-moi un plan du métro. Vous n'auriez pas par hasard, d'autres dépliants sur le réseau de transports?

Employé: Voilà. Tout pour votre service.

SPEAKING
Role-play 10

At a restaurant
You are ordering a meal at a restaurant. Your partner will play the waiter/waitress.

Basic level
1 Order roast chicken, chips and salad.
2 Ask what white wine there is.
3 Ask for a carafe of house white.
4 Draw attention to the fact that you do not have a knife and fork.

Higher level
5 Complain that the chicken is not cooked enough.
6 Ask for it to be recooked.

Serveur/se: Qu'est-ce que je peux vous apporter?
Moi: Du poulet rôti, avec frites et salade, s'il vous plaît.
Serveur: Du poulet rôti, avec frites et salade. Et pour boire?
Moi: Qu'est-ce que vous avez comme vin blanc?
Serveur: Du Muscadet, du Bordeaux, du Vouvray et le vin de la maison.
Moi: Alors, je prends une carafe de blanc de la maison.
Serveur: D'accord.
Moi: S'il vous plaît, je n'ai pas de couteau ni de fourchette.

Moi: Garçon! . . . Le poulet est trop saignant!
Serveur: Vous croyez?
Moi: Voulez-vous le remettre au four, s'il vous plaît.
Serveur: Comme vous voulez.

SPEAKING
Role-play 11

Reporting lost property

You are reporting the loss of your rucksack to the police. Your partner will play the duty officer.

Basic level

1 Report that you have lost your rucksack.
2 When you are asked what was in it, say there was a camera and your cheque-book.
3 Say you think you lost it at the museum this afternoon.
4 Say you also went to the supermarket to buy some food.

Higher level

5 Inform the officer that the bag can be identified by a label with your name and address.
6 Say that the camera has an automatic flash.

Agent: Qu'est-ce que vous voulez?
Moi: J'ai perdu mon sac à dos.
Agent: Qu'est-ce qu'il y avait dans votre sac?
Moi: Il y avait un appareil-photo et un carnet de chèques.
Agent: Et où l'avez-vous perdu?
Moi: Au musée, je crois. . . cet après-midi.
Agent: Vous êtes allé(e) autre part?
Moi: Je suis allé(e) au supermarché, (pour) acheter des provisions.

Agent: Est-ce qu'il est facile d'identifier, votre sac?
Moi: J'y ai mis une étiquette avec mon nom et mon adresse.
Agent: Est-ce que c'était un appareil spécial?
Moi: Non, il n'y avait rien de spécial, sauf un flash automatique.

SPEAKING
Role-play 12

Arranging to meet someone
You are arranging to meet a friend. Your partner will play the friend.

Basic level
1 Ask if your friend would like to go out with you and another friend this evening.
2 Say you haven't any homework to do.
3 Suggest that you go bowling.
4 Ask if your friend would like to go for a drink afterwards.

Higher level
5 Say you think it's reduced-price night at the bowling rink.
6 Say you can get your friend in cheaply, because you've got a member's ticket.

Ami(e): Salut!
Moi: Salut! Est-ce que tu voudrais sortir avec Michel(le) et moi ce soir?
Ami: Volontiers, mais n'as-tu pas de devoirs?
Moi: Non, je suis libre, je n'ai pas de devoirs!
Ami: Qu'est-ce qu'on va faire?
Moi: Si on allait au bowling?
Ami: Et on rentre à quelle heure?
Moi: Pas trop tôt. Nous pouvons prendre un verre après.

Ami: Ça ne sera pas trop cher—je suis un peu juste, quoi!
Moi: Je ne crois pas. J'ai l'impression que ce sera moitié-prix ce soir.
Ami: Je suis bien content(e) d'entendre ça!
Moi: Ça pourra être même moins cher. J'ai un ticket d'abonné, qui te permettra d'y entrer sans payer.
Ami: Ça, c'est fantastique!

SPEAKING
Role-play 13

At the doctor's

You are feeling poorly and pay a visit to the doctor's. Your partner will play the doctor.

Basic level

1 Say you feel ill.
2 Say you have a headache and a stomach-ache.
3 Say you are also being sick.
4 Tell the doctor you need some medicine.

Higher level

5 Say that your temperature is three degrees above normal.
6 Complain that you are shivering all the time.

Médecin: Vous avez l'air un peu malade!

Moi: Ça ne va pas du tout. J'ai mal à la tête et au ventre.

Médecin: Vous n'avez pas d'autres symptômes?

Moi: Si, je vomis des fois.

Médecin: Eh bien, je vais vous examiner.

Moi: Je n'ai pas besoin d'une examination. Il me faut un médicament, c'est tout.

Médecin: On va voir.

Moi: Ma température est de trois degrés plus haute que normalement.

Médecin: Ça se voit.

Moi: Et je frissonne tout le temps.

Médecin: C'est clair, vous êtes enrhumé(e). Je vais vous donner votre médicament, mais il faut quand même que vous alliez au lit!

SPEAKING
Role-play 14

At the cinema
You are at the cash-desk in a French cinema. Your partner will play the cashier.

Basic level
1 Ask what time the programme starts.
2 Ask if the programme is continuous.
3 Enquire whether the film has already begun.
4 Ask what time the performance ends.

Higher level
5 Ask if there are any shorts to go with the film.
6 Ask if there are reduced prices for students.

Caissier/ère: Oui, mademoiselle/monsieur?
Moi: A quelle heure est-ce que la séance commence?
Caissier: A 7h45.
Moi: C'est une séance permanente?
Caissier: Non, il n'y a qu'une seule séance.
Moi: Est-ce que le film a déjà commencé?
Caissier: Non, pas encore. Vous tombez bien. Vous avez cinq minutes.
Moi: A quelle heure le film finit-il?
Caissier: A 10h20.

Moi: Y a-t-il des courts-métrages avec le film?
Caissier: Non, vous n'avez rien manqué!
Moi: Est-ce qu'il y a des prix spéciaux pour les étudiants?
Caissier: Si vous avez votre carte, oui. Autrement, non.

SPEAKING
Role-play 15

Ordering a snack
You are at a cafe/McDonald's. Your partner will play the waiter/waitress.

Basic level
1 Ask for the menu.
2 Order two different soft drinks – one for your friend and one for yourself.
3 Order one cheese on toast and one hamburger.
4 Ask for two slices of raspberry tart.

Higher level
5 Say the bill is not correct.
6 Ask to see the manager.

Serveur/se: Monsieur/mademoiselle?

Moi: Je voudrais le menu, s'il vous plaît.

Serveur: Voilà, monsieur/mademoiselle.

Moi: Un Fanta pour moi et un Pschitt pour mon ami(e), s'il vous plaît.

Serveur: Rien à manger?

Moi: Si, un croque-monsieur et un hamburger, s'il vous plaît.

Serveur: Très bien, un croque-monsieur plus un hamburger. Ça sera vite fait.

Moi: Attendez. Nous voudrions aussi deux tranches de votre tarte aux framboises.

Serveur: Sans délai!

Moi: Mademoiselle/garçon!

Serveur: Oui, monsieur/mademoiselle?

Moi: Je regrette, mais vous avez fait une erreur dans l'addition.

Serveur: Mais non, vous avez tort. Ça, c'est correct!

Moi: Dans ce cas, faites venir votre pàtron, s'il vous plaît.

SPEAKING
General conversation

Work through these questions frequently, until the answers become automatic. To help yourself, think of it as a matter of pride to speak as well as you can in your Oral, because this is, after all, one of the main reasons why we learn a language in the first place.

There are several things you can do to give yourself the best chance of doing well in your general conversation:

1 When you are asked a question, try to give as much information as possible. For example, if you are asked where you live, don't just give the name of the town or village. Say something about your house, its address, the street you live in, how near the country you are, whether your home is a bit isolated, how far it is from school, etc.

2 Avoid *oui* and *non* answers. Always try to give a complete answer.

3 Politeness is also a help. Remember to refer to your examiner as *madame/mademoiselle/monsieur* from time to time. Don't do it before or after every sentence, as this becomes rather artificial.

4 Try to start a fair number of your answers with little expressions of agreement/disagreement, etc., such as:
Certainement/Naturellement/Bein entendu/D'accord/Pas du tout/Jamais (de la vie)/Au besoin/Aucunement/C'est peu probable/Si je dois, etc.

   Similarly, if you are expressing an opinion, try to lead into it with expressions like:
Mon avis est que. . . /Je suis de l'avis que. . . /Je crois que. . . /Je trouve que. . . /Il me semble que. . . /Pour moi. . . /Selon moi. . .

5 We have talked a lot about your answering questions. When you think of it, this makes for a very one-sided conversation, with the examiner asking all the questions and you doing all the answering! If the examiner asks you to talk about your hobbies, interests etc., or asks your opinion of something, don't be afraid to ask whether he or she shares the same interests or feelings. Again, don't do this all the time, because that would make the conversation sound false, but you are perfectly within your rights to ask some questions of your examiner. Use questions such as:

Vous **en** jouez, aussi? (musique)
Vous **y** jouez, aussi? (jeux)
Vous y intéressez-vous aussi?
C'est quoi, votre sport/instrument préféré?
Vous le faites aussi?
Est-ce que vous connaissez la région aussi?
Avez-vous visité la ville?
Comment l'avez-vous trouvé?
Quelle est votre opinion là-dessus?

Quel est votre avis?
Avez-vous vu ça à la télé?

As long as you don't overdo it, two or three questions asked of the examiner at the right time will quite cheer him or her up, as an examiner's day can be rather boring. Examiners are generally limited to asking questions and do not often have the chance to talk about themselves.

If you have the supplementary cassette or can record the questions yourselves, we suggest you use the tape of the general conversation questions in the following way:

1   Take the questions a section at a time. First, listen to the questions and answers without looking at the written version. (On the cassette, a possible response has been chosen from among the various alternatives given in the written version.)

2   Now listen to the section again, this time with the text in front of you. Look carefully at the written words, to help you over those answers you find difficult.

3   Now start answering the questions. To do this, press the stop/pause button on the tape after each question and give yourself time to answer it. Then listen to the specimen answer after your own.

4   Work through all the sections in this way. Try using different answers from among those given, as well as your own.

5   Once you are confident you can begin to give a competent answer for each question, start using the *snowball* method: try to give two or three statements (or more) in answer to as many questions as possible.

6   Play the tape through casually, when you are putting your make-up on/doing the household chores. Play the tape over and over again, until you are completely familiar with it.

1 Votre vie personnelle et votre famille

1   **Comment vous appelez-vous?**
Je m'appelle . . .

2   **Quel est votre nom de famille?**
Mon nom de famille est . . .

3   **Avez-vous un autre prénom?**
J'ai . . . prénoms, . . . et . . .

4   **Avez-vous un surnom?**
On m'a surnommé(e) . . . à cause de . . .

5   **Votre nom de famille, a-t-il un équivalent français?**
Oui, il signifie . . . en français / Non, il n'y a pas d'équivalent.

6 Combien de personnes y a-t-il dans votre famille?
Il y en a . . . / Nous sommes . . .

7 Et avez-vous des animaux à la maison?
Nous n'avons pas d'animaux / Il y a un(e) . . . chez nous.

8 Êtes-vous fils/fille unique?
Je suis fils / fille unique / J'ai . . . frères / sœurs / J'ai . . . frère(s)
cadet(s) / aîné(s) / J'ai . . . sœur(s) cadette(s) / aînée(s).

9 Votre sœur cadette, quel âge a-t-elle?
Elle a . . . ans.

10 Votre frère aîné, quel âge a-t-il?
Il a . . . ans de plus que moi.

11 Et quel âge avez-vous?
J'ai . . . ans / Je vais avoir . . . ans dans un mois.

12 Comment s'appelle votre père/mère?
Il/elle s'appelle . . .

13 Que fait votre mère/père dans la vie?
Elle est . . . / Il travaille comme . . .

14 Où travaille-t-elle/il?
(Elle/il travaille) à la maison / en ville / dans le village / à la campagne /
dans une usine / à l'étranger.

15 C'est quand, votre anniversaire?
(Mon anniversaire) c'est le . . .

16 Quel est votre signe du zodiaque?*
Je suis Poisson.

17 En quelle année êtes-vous né(e)?
(Je suis né) en mille neuf cent . . .

18 Où êtes-vous né(e)?
(Je suis né(e))à . . . dans le [Pembrokeshire].

19 Comment s'appelle votre école?
Je vais à (C'est) l'école secondaire de . . . / au lycée . . . / une école
privée qui s'appelle . . .

20 C'est à quelle distance d'ici?
(C'est) à . . . kilomètres, à peu près.

21 À quelle distance de l'école habitez-vous?
(Nous habitons) à . . . (kilo)mètres de l'école.

* voir pp. 56–7.

2 Votre vie familiale

1   **Parlez-moi un peu de votre vie de tous les jours.**
Ce n'est pas très différent de chez tout le monde, quand même.

2   **À quelle heure vous levez-vous?**
On se lève à [7] heures.

3   **Et à quelle heure allez-vous au lit?**
On va au lit vers [11] heures.

4   **Vous mangez quand le matin?**
On prend le petit déjeuner à [7h30].

5   **Et vous déjeunez quand?**
Le déjeuner, c'est à [12h30].

6   **Et le repas du soir?**
On mange le soir vers [6] heures.

7   **Quand quittez-vous la maison?**
Le matin, je pars de chez moi vers [8] heures.

8   **Et vous revenez quand?**
Et je reviens vers [4h45].

9   **Pendant la semaine, qu'est-ce que vous faites le soir?**
Pendant la semaine, je fais mes devoirs le soir, mais quelquefois je sors avec mes copains/copines.

10   **Et le weekend?**
Le weekend, c'est plus décontracté. Je sors beaucoup. Je vais dans les discothèques/à l'auberge.

11   **Est-ce que vous aidez vos parents à la maison? Que faites-vous?**
J'aide ma famille à la maison aussi. Je fais les corvées comme la vaisselle, la lessive, les lits, le jardinage / Je rends visite à des parents.

12   **Vous avez dit que vous avez des animaux à la maison. Qu'est-ce que vous avez?**
Nous avons un(e)/des chien(s) / chat(s) / cobaye(s) / hamster(s) / perruche(s) / serin(s) / serpent(s).

13   **Comment est-il/elle?**
Il/elle est grand(e) / petit(e) / ni grand(e), ni petit(e) / . . . clair(e) / . . . foncé(e) / rayé(e) / trop gros(se) / très maigre / agressif(ve) / affectueux(se) / nerveux(se).

3 Chez vous

1 Vous habitez où, exactement?

J'habite X-ville / au centre ville / en ville / un village / dans la montagne / à la campagne / au bord de la mer / en banlieue / à . . . (kilo)mètres d'ici.

2 Dans quelle sorte de maison habitez-vous?

J'habite un pavillon individuel / une maison jumelle / un appartement / un bungalow / dans un immeuble.

3 Décrivez un peu votre maison.

Eh bien, il y a . . . pièces en tout. Il y a . . . chambres, un séjour, une cuisine, une salle de bain(s), un WC, une douche, une salle à manger, un salon, une salle de récréation et une mansarde.

4 Décrivez un peu les meubles.

Ben, il y a les meubles ordinaires! Canapé, fauteuils, lits, tables, chaises, rideaux, commodes.

5 Qu'est-ce que vous avez comme chauffage?

Nous avons le chauffage central / C'est le gaz/l'électricité/le mazout/le charbon / Notre maison est chauffée par une chaudière/des feux traditionnels/le chauffage par accumulation.

6 Vous avez quels services chez vous? Quels agréments y a-t-il chez vous?

Nous avons le gaz / l'électricité / l'eau courante. Nous avons une baignoire / 1,2 WC / une douche / un garage / un jardin / un frigo / un congélateur / un (le) téléphone / la radio / la télévision / la vidéo (le magnétoscope).

7 Décrivez un peu votre vill(ag)e.

Il/elle est (assez) grande(e)/petit(e) avec . . . personnes. Il/elle se trouve à . . . kilomètres de . . .

8 Et votre maison, où est-elle située?

Au centre ville / Au centre du village / À la lisière du village / En banlieue / En pleine campagne / Tout près de la mer.

4 Vos occupations et vos passe-temps

(*a*) *Vous et le sport*

1   Quels sont vos passe-temps favoris? / Qu'est-ce que vous faites normalement pour vous amuser? Que faites-vous pendant vos moments perdus?

Je fais du sport / J'aime danser / Je tricote / J'aime me promener / Je sors souvent / Je vais à la disco / Je vais au cinéma / Je fais de la musique / Je fais du cheval/de la natation / Je fais des excursions en vélo / J'aime la lecture et la télé.

2   À quel(s) sport(s) vous intéressez-vous?

Je joue au badminton/cricket/football/hockey/ping-pong/rugby/ squash/tennis / Je fais de l'athlétisme / Je fais du jogging / Je fais de la planche à voile.

3   Vous en faites souvent?

. . . fois par semaine / Tous les jours (soirs) / Quand je peux / Aussi souvent que possible / C'est au fur et à mesure! / Quand je n'ai pas de travail / Quand j'ai de l'argent / Pendant les vacances / Le weekend.

4   Où en faites-vous?

Chez moi, ou chez des copains / Au stade (municipal) / En boîte / En ville / Au club des jeunes / À la maison des jeunes / Au centre sportif / Au terrain de sport / Au cinéma / Au club de cinéma.

5   Est-ce que vous représentez l'école?

Non, pas encore / Non, je ne m'y intéresse pas / Je ne joue pas assez pour ça! / Je ne suis pas assez fort(e)/doué(e) pour ça! / Oui, (assez) régulièrement / Oui, depuis . . . ans / Oui, et je représente la ville (le comté, la région) aussi / Oui et non: je suis sur le point d'être choisi(e)!

6   Ça coûte cher, votre sport?

Ça dépend / De temps à autre oui, mais en général, non / Oui, c'est très cher / Le matériel, oui, mais après ça, il n'y a pas de problème / Si on loue l'équipement, oui; autrement, non / Ce n'est pas cher du tout.

7   Pourquoi aimez-vous ce sport?

J'aime le plein air / J'aime être membre d'une équipe / J'aime la compétition / J'aime courir / J'aime être avec mes ami(e)s / J'aime rester en forme / C'est comme une religion chez nous! /J'ai beaucoup d'énergie!/ C'est un peu agressif—ça me plaît!

8   Décrivez-moi ce qu'on fait quand on joue au football/quand on fait du hockey(etc.)

Il y a deux équipes et . . . personnes dans chaque équipe / On joue contre . . . adversaire(s) / On joue à l'extérieur/l'intérieur / On utilise un terrain de . . . / Il y a . . . arbitre(s) / On essaie de marquer un but contre (franchir la ligne de) l'autre équipe.

(*b*) *Vous et les instruments*

1 **Jouez-vous d'un instrument?**

Non, je ne joue pas / Un peu. Je suis en train d'apprendre / Oui, *je joue du* piano/trombone/violon/violoncelle/basson/tambour / *Je joue de la* clarinette/contrebasse/flûte/trompette/batterie / *Je joue de l'* accordéon/ orgue.

2 **Combien de temps y consacrez-vous?**

Je fais . . . heures de pratique par semaine.

3 **Êtes-vous membre d'un groupe ou d'un orchestre?**

Oui, je suis dans un groupe/orchestre, nommé . . . C'est un groupe de . . . / Pas encore / Non, je n'ai pas le temps.

4 **Combien de personnes y a-t-il dans votre groupe/orchestre? Où et pour qui jouez-vous?**

Nous sommes . . . en tout. Nous jouons à l'école / dans une sorte de théâtre / dans des auberges / dans un centre sportif / dans un gymnase./ dans des hôtels.

5 **Est-ce que votre groupe/orchestre est professionnel?**

En quelque sorte. Pour nous écouter, c'est payant. Mais, c'est le club/l'école qui garde l'argent, pour acheter de nouveaux instruments.

(*c*) *Quand vous sortez le soir*

1 **Vous allez souvent au cinéma/club de jeunesse/théâtre/bowling?**

Oui, . . . fois par semaine/tous les week-ends / Ça dépend. Si j'ai de l'argent, oui. Autrement, de temps en temps.

2 **Décrivez-moi une visite là-bas.**

Alors, c'est à . . . kilomètres de chez moi. Aux heures de pointe, il faut faire la queue, mais il est souvent possible de louer d'avance. Il y a . . . grande(s) salle(s). C'est moderne/un peu vieux. J'y vais avec . . . ami(e)(s)/seul(e). Je reste . . . heures là à jouer/regarder la séance. Je prends un casse-croûte. Je bois quelque chose. Je rencontre . . . Puis, je rentre chez moi, normalement vers . . . heures.

(*d*) *Vous et la radio et la télé*

1 **Maintenant, parlons un peu de la radio et de la télévision. Laquelle préférez-vous?**

Ni l'une ni l'autre / Pour moi, c'est pareil / Je les aime également / Je préfère la radio, parce qu'on peut l'écouter n'importe où et qu'il y a une plus grande variété d'émissions / J'aime mieux la télé, à cause des couleurs/parce que j'aime voir les choses/à cause des èmissions.

2 **Quelles sont vos émissions favorites?**

Je préfère les feuilletons comme . . . / J'aime les programmes d'actualités, comme . . . / J'aime mieux les émissions documentaires/policières/comiques/romantiques, comme . . .

3 **Quelles émissions n'approuvez-vous pas?**

Je n'aime pas . . . / Je déteste les sujets violents/racistes/trop sexuels.

5 Votre éducation

1   **Comment allez-vous/vous rendez-vous à l'école?**
    (J'y vais) à pied / Je prends le bus / En voiture / En vélo / Je prends le train /
    Je prends le métro / A cheval / En bateau.

2   **Combien de temps mettez-vous pour aller à l'école?**
    (Je mets) . . . minutes / un quart d'heure / une heure . . .

3   **Où habitez-vous par rapport à l'école?**
    (J'habite) . . . (kilo)mètres au nord / sud / à l'est / à l'ouest.

4   **A quelle heure vous mettez-vous en route pour l'école?**
    Je pars de chez moi à . . . heures . . .

5   **Combien de temps le trajet dure-t-il?**
    Il dure, disons, . . . minutes.

6   **A quelle heure est-ce que l'école commence?**
    (Elle commence) à . . . heures . . .

7   **Et à quelle heure est-ce que ça sonne?**
    A . . . heures . . . / A la même heure.

8   **Quel est le nom du/de la prof qui est responsable de votre classe?**
    Il/elle s'appelle . . .

9   **L'appel dure combien de temps?**
    Ça dépend / . . . minutes.

10 **Combien de fois par semaine avez-vous une réunion?**
    (Nous avons une réunion) . . . fois par semaine.

11 **Quel(s) jour(s) est-ce?**
    Le lundi / Le . . .

12 **Votre école, comment est-elle?**
    C'est une école compréhensive / un lycée / un collège technique / une
    école privée.

13 **Combien d'élèves y a-t-il?**
    Il y a . . . élèves/étudiants.

14 **C'est pour les élèves de quel âge?**
    Elle accepte les jeunes entre . . . et . . . ans.

15 **Combien de classes y a-t-il?**
    Il y a [6] classes par année.

16 **Elle est moderne ou vieille, votre école?**
    Ni l'un ni l'autre / Très vieille: elle date de . . . / Assez moderne. Elle a été
    bâtie en [1960].

17 **Combien d'élèves y a-t-il dans votre classe?**
    Dans ma classe, il y a [28] élèves/étudiants / Dans ma classe de français, il
    y en a [22].

18 **Et dans les autres classes?**
    En moyenne, il y a [26] élèves par classe.

19 **Combien de leçons y a-t-il dans la journée?**
    Il y en a [8] : [4] avant la pause de midi et [4] après.

20 **C'est à quelle heure, le déjeuner?**
    Entre [11] heures [50] et [1] heure(s) [10].

21 Et la récréation?

Le matin, c'est à [10] heures [30]. L'après-midi, c'est à [2] heures [20]. Elle dure [15] minutes.

22 Quelles sont vos matières favorites?

Je préfère maths / science physique / chimie / biologie / anglais / français / allemand / espagnol / histoire / géographie / sciences-humaines / arts ménagers / travail des métaux / informatique / peinture / sport.

23 Et quelles matières aimez-vous le moins?

Je n'aime pas du tout . . . / Je n'ai aucun talent en . . .

24 Qui est votre prof. préféré(e)?

Je n'en ai pas / Je n'ai pas de préférence / Je les déteste, tous / Ils sont tous sympa.

25 Pourquoi?

Parce qu'il (n') a (pas) beaucoup de patience / Parce qu'elle est très gentille/cool / Parce qu'il / elle crie tout le temps / Parce qu'il vous colle.

26 Avez-vous beaucoup de devoirs chaque jour?

Ça dépend. En moyenne . . . devoirs par jour.

27 Décrivez votre uniforme.

Nous n'en avons pas / Il est affreux / Ce n'est pas mal / Je l'aime bien / Les garçons portent un veston et un pull . . . avec un écusson . . . Ils portent aussi un pantalon . . . et une cravate (rayée) en . . . et . . . Les filles portent une blouse . . ., un pull . . . et un veston . . . Elles portent aussi une jupe . . . et des chaussettes . . . / En première, on peut porter . . .

28 Décrivez un peu votre salle de classe.

Il y a de la place pour . . . personnes. Elle est peinte en . . . Il y a des posters et des collages sur les murs. Il y a beaucoup/très peu de fenêtres. Elle donne sur la ville/la campagne.

29 Êtes-vous pour ou contre l'uniforme?

Je suis pour/contre, parce que c'est assez smart/chic / ça crée un peu d'ordre / j'aime les couleurs / c'est différent / c'est comme l'armée / il n'y a pas d'individualité / ça coûte trop cher / c'est une obsession pour certains profs / on vous donne des lignes à copier (on vous colle) si vous ne portez pas les vêtements corrects / c'est démodé.

30 Parlons un peu des clubs et des autres activités ici.

Les profs et les élèves, nous organisons toute une gamme de clubs / Il y a toutes sortes de clubs de sport, de philatélie, d'échecs, de guitare, d'aéromodélisme, de cuisine. Il y a aussi la chorale. Il y a un club de théâtre et un cercle français, dont je suis membre. Pour ces clubs (et pour la retenue) il y a un car de ramassage le . . . soir.

6 Le temps

1   Quel temps fait-il aujourd'hui?

Un peu de tout. A . . . heures, il a plu / fait du soleil / neigé. Maintenant il pleut / il fait du soleil / il gèle / il fait froid / il fait du brouillard / il y a des éclairs / il fait chaud / il fait du brouillard / c'est en train de dégeler / il neige / il fait du vent / il fait beau / il fait mauvais (temps) / il y a un orage / il y a un arc-en-ciel.

2   Que faites-vous quand il fait beau?

J'aime faire des promenades (en vélo / à moto / en voiture / à pied) / Je fais du bateau sur le lac d'à côte / Je vais à la pêche, tout près de chez moi / Je fais de l'alpinisme (avec l'école) à . . . / Je travaille dans le jardin / Je fais du sport.

3   Que faites-vous quand il fait mauvais?

Je reste à la maison / Je fais mes devoirs / Je fais les corvées / Je me promène sous la pluie! / Je me cache quelque part!

4   Quelle saison de l'année préférez-vous? Pour quelle raison?

J'aime mieux le printemps / l'été / l'automne / l'hiver. Parce que j'aime voir les fleurs qui poussent / le soleil et la chaleur / les couleurs changeantes / la neige et la nuit.

5   C'est comment, le temps en France?

Il est moins variable que chez nous. Mais ça varie quand même de région en region. En Normandie, Bretagne et Picardie, c'est plutôt comme dans le sud de l'Angleterre. Quand on descend vers la Loire, il devient nettement plus chaud. Il y a beaucoup moins de pluie dans le Midi que dans le Nord.

7 Les vacances

1 Normalement, où passez-vous vos vacances?

Je reste chez moi / Je vais au bord de la mer/à la campagne/à la montagne/dans la région des lacs/à la grand'ville/à l'étranger.

2 Où préférez-vous aller? Pourquoi?

Je préfère aller. . . Parce que j'aime le soleil / le paysage / la solitude / l'air pur / coucher à la belle étoile / l'eau / le bruit / les pays différents.

3 Où comptez-vous aller cet été?

Ça sera probablement . . .

4 Vous serez seul(e)?

Oui, il n'y aura que moi / Non, on y va en famille / Non, je fais un échange / Non, c'est une visite scolaire.

5 Et vous comptez y aller comment?

En voiture (et en bateau) / En avion / En vélo /A moto / En stop / A pied / En aéroglisseur / En train / En car.

6 Et où allez-vous dormir? Dans un hôtel?

Non, chez des amis / dans un (au) terrain de camping / dans un appartement / dans une auberge de jeunesse / dans une maison de campagne / dans une pension / dans un village de vacances/ sous la tente / dans une caravane / dans un gîte.

7 Chez qui allez-vous rester?

Chez des parents / des amis / une connaissance.

8 Connaissez-vous déjà des Français?

Oui, mon/ma correspondant(e). Il/elle s'appelle . . . Je connais sa famille, aussi / Je connais quelqu'un qui s'appelle . . .

9 Où habite-t-il/elle? / Où habitent-ils/elles?

Dans le nord/est/ouest/Midi de la France / Dans le Dauphiné/En Normandie/En . . .

8 A l'étranger

1 Est-ce que vous êtes déjà allé(e) à l'étranger? C'était quand?

Non, pas encore / Oui, je suis allé(e) en [France]/au [Portugal]. J'y suis allé(e) [2] fois. J'y suis allé(e) en [1986].

2 Vous y êtes allé(e) seul(e)?

Oui, tout(e) seul(e) / Non, c'était en famille/avec un groupe scolaire/en jumelage / J'y suis allé(e) avec un(e) ami(e).

3 Vous étiez dans quelle région?

J'ai visité . . . Je suis resté(e) . . .

4 Votre (dernière) visite a duré combien de temps?

J'ai passé . . . jour(s) / une semaine / une quinzaine là-bas.

5 À quelle distance étiez-vous de la grand'ville la plus proche?

On était à . . . kilomètres de . . .

6 Qu'avez-vous fait pendant votre visite?

J'ai fait un peu de tout. J'ai profité du soleil/de la neige. J'ai visité des monuments historiques! J'ai fait la connaissance de beaucoup de gens. Je me suis détendu(e). J'ai oublié mon travail!

7 Ça vous a plu?

Oui, je me suis bien amusé(e) / Ça a été une réussite formidable! / C'était comme ci, comme ça / Oui et non. Il y avait de bonnes choses et de mauvaises / C'était très cool! Certainement, je vais y retourner! / Non, pas vraiment.

8 Pourquoi?

Parce que c'était très différent! J'ai aimé (je n'ai pas aimé) la nourriture! / Il a fait très beau temps / J'aime bien les [Français] que j'ai rencontrés / J'aime la façon de vivre à la [française] / J'ai fait de bons amis! / La famille a été très gentille.

9 Quelles sont les différences que vous avez remarquées?

On travaille un peu plus à l'école. Les magasins restent ouverts plus longtemps. On mange plus, mais on mange moins gras. Il y a moins de maisons individuelles en France/Allemagne/Espagne. En général, le temps là-bas est meilleur. Les gens sont plus/moins gais!

END OF BASIC WORK

9 Une question de temps!

1 Qu'avez-vous fait hier soir?

Tout d'abord, j'ai fait mes devoirs / J'ai tricoté / J'ai eu une heure de retenue! / J'ai téléphoné à des amis / J'ai écouté des disques / J'ai fait les corvéees habituelles / Je suis sorti(e) / Je suis allé(e) en ville / J'ai regardé la télé / Je suis allé(e) au club.

2 Qu'avez-vous fait samedi dernier?

Je me suis levé(e) un peu plus tard que d'habitude / J'ai fait la grasse matinée / Je suis allé(e) à . . . avec des copains (copines) / On a fait des courses / On a fait du sport / J'ai fait du bricolage.

3 Que ferez-vous dimanche prochain?

J'irai à l'église / Je resterai tard au lit / J'écrirai des lettres / Je préparerai le repas de midi / Je ferai une partie de . . . / Je passerai chez des amis / Je ne ferai rien du tout! / Ça dépendra du temps et de ma famille / Je ferai une promenade (en voiture / en vélo / à moto).

4 Que ferez-vous après les examens?

Le moins possible! / Je partirai en vacances / Je trouverai un emploi / Je lirai des livres que *moi*, j'aime / Je ferai beaucoup de sport / J'irai à des concerts de rock en plein air / Je participerai à un échange.

5 Que ferez-vous quand vous aurez quitté l'école?

Je resterai deux années en première / Je suivrai un cours d'apprentissage / Je crois que je vais émigrer / Je trouverai un emploi / Ça sera le chômage! / Je me débrouillerai / Je commencerai une petite entreprise / Je n'aurai rien à faire.

6 Que feriez-vous si l'alarme sonnait maintenant?

J'irais tout de suite à l'issue de secours et j'attendrais la directive pour sortir.

7 Que feriez-vous si vous étiez riche?

J'utiliserais mon argent pour aider les pauvres / Je ne travaillerais pas / Je ferais le tour du monde en bateau / J'achèterais énormément de vêtements / Je combattrais les maux de ce monde / Je vivrais en France (là, où je voudrais)!

8 Que feriez-vous, si vous ne deviez pas aller à l'école?

Je ferais quelque chose qui me plairait / Je me bronzerais au soleil / Je ferais une partie de billard / Je brûlerais mon uniforme!

9 Que feriez-vous pour un blessé dans la rue?

Je ne toucherais pas l'accidenté / J'enverrais chercher un médecin / J'appellerais une ambulance.

SPEAKING
Situation narrative 1

Describing your holiday
Imagine the map opposite depicts your holiday in France last year. Talk about the journey and what happened on it.

Specimen answer
Décrivez-moi un peu vos vacances en France:

Alors, nous avons pris la navette à Douvres le dix-huit juillet et nous sommes arrivés à Boulogne à deux heures de l'après-midi.

Puis, nous sommes allés à Rouen en voiture, évidemment, et nous sommes restés une nuit là. . . dans un hôtel deux étoiles, où nous avons pris le petit déjeuner.

Après ça, nous avons visité Tours. C'était une affaire de trois jours et cette fois-ci, c'était à demi-pension dans un petit hôtel. Nous avons fait la visite du Château de Chenonceaux. Il y avait aussi une dégustation dans une cave. Ça ne m'intéressait pas du tout.

La prochaine étape. . . c'était Angoulême ou nous avons passé deux nuits. Il y avait encore une visite de château (j'en ai marre, de ces châteaux!), plus un tour guidé de la ville. C'était plus intéressant.

Puis, il y a eu un après-midi à Bordeaux où nous avons eu un petit accident de voiture.

Enfin, nous sommes arrivés à notre destination. . . c'est-à-dire, à Biarritz, où nous avons passé une semaine dans un camping trois étoiles sur la mer. C'était extra! Nous nous sommes bronzés sur la plage. . . et nous avons vu une noyade. C'était affreux. . . Papa s'est disputé avec un garçon de cafe et maman a essayé de le calmer—c'était fantastique! . . . Quant au retour, nous avons suivi l'autoroute.

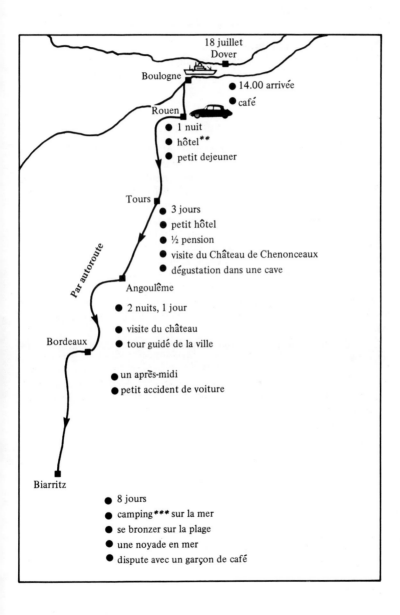

18 juillet
Dover

Boulogne

14.00 arrivée

café

Rouen

1 nuit

hôtel**

petit dejeuner

Tours

3 jours

petit hôtel

½ pension

visite du Château de Chenonceaux

dégustation dans une cave

Par autoroute

Angoulême

2 nuits, 1 jour

visite du château

tour guidé de la ville

un après-midi

petit accident de voiture

Bordeaux

Biarritz

8 jours

camping*** sur la mer

se bronzer sur la plage

une noyade en mer

dispute avec un garçon de café

SPEAKING
Situation narrative 2

Describing an accident
You were on holiday in France some time ago. Using the map opposite as the basis of your answer, describe the day your uncle had a bad car accident:

Specimen answer
Nous avons eu un accident de voiture pendant mon séjour en France. Cela a été la faute de mon oncle qui conduit comme un fou!

C'était un jeudi, nous sommes partis de Marseille à neuf heures trente pour rendre visite à des amis à Cuers. Nous sommes arrivés à Toulon vers, disons, onze heures vingt, après un petit café en route. . . jusqu'ici pas de problème. . . Vingt, vingt-cinq minutes plus tard, nous nous trouvions à Cuers et mon oncle est arrivé au rond-point sur la gauche. . . Malheureusement, il y a eu un motocycliste qui traversait le rond-point du bon côté . . . alors, l'oncle Fred a cogné le motocycliste, qui est tombé de sa moto. . . On a appelé tous les services et on a transporté le cycliste, un jeune Français de dix-huit ans, à l'hôpital à Toulon. On y est arrivé à midi dix. . . .

Malheureusement, le garçon était sérieusement blessé et les gens de l'hôpital ont utilisé un hélicoptère pour le transporter au centre hospitalier à Marseille. . .

A midi vingt, l'oncle Fred était au poste de police. Ce n'était pas très agréable! . . .

Marseille
9h30

la voiture de votre oncle

Toulon
11h20

Cuers 11h45

accident de voiture

l'oncle
à gauche

un Français,
18 ans

Toulon 12h10

H

12h20
POLICE l'oncle

Marseille

14h50

CH *

(* Centre Hospitalier)

WRITING

General hints

As with the other three skills, the Writing Papers are out to discover what you can do, *not* to set traps to find out what you don't know! You will therefore be given credit for straightforward, *reasonably* accurate written French, which gets your message across.

Remember that the kinds of written tasks you have to fulfil have been designed to be useful to you in the real world (for example, you may be expected to deal with handwritten French, as on pp. 98–9).

For this very good reason, what you write will be judged not on whether whole strings of words are correct. Instead, the question will be: *Has this person communicated his/her message effectively?* If the answer in your case is *Yes*, then you should obtain high marks for the task.

With this in mind, read through the following hints and try to apply them when you write:

1 Before you do anything else, look at the task in front of you and ask yourself *exactly* what you are required to do.
2 If the task asks for specific information, make sure you give it. For example, if a letter to which you have to reply contains five questions, be certain to answer each one.
3 Work within the framework of the task. If, for instance, you have to write a *petite annonce*, don't let it develop into a mini-essay.
4 Pay attention to the time limits. Of all the four Tests, Writing is the one where you will normally be under the greatest pressure of time. The time given is not generous, so time yourself.
5 Make a *brief rough plan* of what you are going to write.
6 Produce a final version based on the rough plan.
7 Leave yourself a few minutes at the end, to check right through everything you have written for errors.

For the Basic Level, as for the Higher Level, you will be marked on your ability to get your message across, so do not be afraid that you will be heavily penalised if you are not totally accurate in your spelling, etc. You will often be required to provide one-, two- and three-word answers to lists, diary items and so on. In replies to postcards, small ads, etc., you will on no occasion be required to write more than 60 words.

For the Higher Level, you will also be required to write answers of approximately 100 or 130 words (depending on the Board for whose exam you are preparing). From p. 110 on, all specimen answers contain at least 130 words and material has been bracketed to indicate it could have been left out for an answer requiring 100 words.

We have frequently included a *specimen answer* to help you. Whenever possible, try to produce your own answer to the small ad, postcard, letter, etc., *before* looking at the model.

WRITING
1 Postcards

Pratique 1 Your French friend is on a skiing trip and sends you this card:

> Nous voici à Chamonix. Nous faisons
> un stage de ski organisé par l'école
> et nous restons jusqu'à samedi. Il fait
> un temps agréable pour la saison,
> même un peu chaud.
> L'auberge de jeunesse est extra et
> la bouffe est de première classe!
> Je repasse ici avec ma famille
> pour les vacances de Pâques. Est-ce
> que tu voudrais venir* avec nous?
> Écris-moi vite!
>
> Gisèle

* use this construction in your reply

You write a card in return, saying you would like to come and asking what the exact dates are, whether you need to bring any skis with you, if there is an airport nearby and how much spending money you are likely to need.

Specimen answer 1

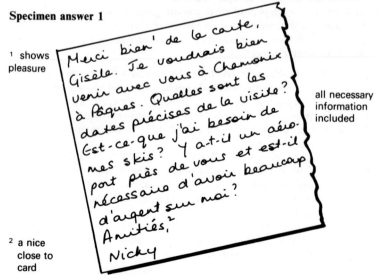

[1] shows pleasure

> Merci bien[1] de la carte,
> Gisèle. Je voudrais bien
> venir avec vous à Chamonix
> à Pâques. Quelles sont les
> dates précises de la visite?
> Est-ce-que j'ai besoin de
> mes skis? Y a-t-il un aéro-
> port près de vous et est-il
> nécessaire d'avoir beaucap
> d'argent sur moi?
> Amitiés,[2]
>
> Nicky

all necessary information included

[2] a nice close to card

Pratique 2 Your French friend sends you this card from her summer holidays:

Je t'envoie cette carte de
Biarritz. Il fait un temps
superbe et nous passons de
longues heures à faire de la
planche à voile. Nous nous
bronzons sur la plage le
matin et l'après-midi. Le
soir nous allons à la
discothèque. Il y a pas mal
de beaux garçons!

Claude

Now it is your turn to go on holiday to St Ives and you write a similar card to your friend. In St Ives, the weather is good but you do get some rain. Most evenings you go to a café or pub with some young people you have met. You are staying at a boarding-house in the centre of town.

Specimen answer 2

all
information
given

a little
extra
added

Merci de ta carte. Je suis à St Ives
et il fait beau, mais il pleut
quelquefois. Le soir, je vais au café
avec des copains de la ville. Je suis
en pension au centre-ville et je
n'aime pas la nourriture!

Chris

WRITING
2 Making lists

Pratique 1   The family of your French pen-friend are coming to stay with you at Christmas. Complete the diary below with ten activities you will send in advance to the French family to give them an idea of what you have in mind for them.

Include straightforward ideas, such as shopping / visit grandparents / party at friends' / church / open presents / eat Christmas dinner / invite neighbours for a drink / go to a dance / New Year's Eve party / January sales. Remember to write your list in French.

Décembre		Décembre	
18		28	
19		29	
20		30	
21		31	
22		**Janvier**	
23		1	

Pratique 2   You are on an exchange in France and go into your partner's school for the day. You are asked to make a list of five things you do in your spare time and where you do them. For example, you may play tennis at a club.

Note that these don't have to be things that you like doing. Choose activities you know you can say in French, even if you personally never take part in them: for example, horse-riding in the park / swimming at the baths. Remember that your list must be in French.

Action	Pastime	Place
Je joue	au tennis	au club.
1		
2		
3		
4		
5		

Pratique 3 You have to go shopping in France for your family. Make a list of five different items and their contents or weights, plus the five shops where you will buy them. For example, you may need to buy a bottle of olive oil at the grocer's.

Once again, don't try to be over-ambitious. Make a list of things you know well and try to get a good mixture. You might include: newspaper at newsagent's / pack of cigarettes at the tobacconist's / croissants at the baker's / steak at the butcher's / wine at the supermarket. Remember to write your list in French.

Container/Weight	Item	Shop
une bouteille d'	huile d'olives	à l'épicerie
1		
2		
3		
4		
5		

Pratique 4 You have been in France with your family. The trip has been a great success, except that you have lost a lot of things. In order to claim on your insurance, you must make a full list for the French police, naming the articles, saying how they may be identified and where you think they were lost. For example, a grey ciné-camera has been lost on the beach.

You may find it easier to make a list of the places first, then think up the articles. Identification doesn't always have to be colour. It can be such things as: neuf (neuve) / fabriqué en [Italie] / ébréché / en bon état / d'occasion / repeint. Remember that your list must be in French.

Article	Identification	Where lost
une caméra	grise	à la plage
1		
2		
3		
4		
5		

WRITING
3 Small ads

Les petites annonces
Write a letter (60 words), replying to each of the *petites annonces* below:

1

Jeune fille de 16 ans désire correspondre avec filles de 15–17 ans habitant l'Angleterre. Aime le disco, le rock et le cinéma. Joindre photo. Réponse assurée.
Jeannine Gillet,
La Renaudié,
ALBI.

2

Recherche albums et cassettes de Wham, Dépêche Mode et Wings. Achète à bon prix si bon état. Considère aussi un échange contre Bruce Springsteen.

Christina ROUAULT,
15, rue des Martyrs,
VERSAILLES

3

Recherche jeune Anglais(e) pour travailler dans nòtre café touristique. Ambiance exc. Rémunération intéressante/loyer. Doit parler français.
Age requis, 18–23 ans.
Jean-Yves BERNARD,
13, impasse Confrères,
ANGER

4

À vendre—3 posters de Nana (grand format, 150 × 80 cm). 25 fr. l'un, 65 fr. les 3. Pas d'échange.

Gabrielle PORNIC,
5, rue des Cordes de Marine,
NANTES

Specimen answer 1

Farnley Towers,
le 27 septembre

Chère Jeannine,
J'ai vu ton annonce dans « Jacinthe » et je voudrais bien correspondre
avec toi.
J'habite tout près de Leeds, j'ai seize ans et, comme toi, j'aime le disco et
le rock. Parce qu'il coûte trop cher ici, je ne vais pas très souvent au cinéma, *et
nous avons un magnétoscope*, mais j'aime bien les films à la télé.[1]
Tu as demandé une photo — en voilà une *prise dans une cabine
automatique*.
C'est affreux, n'est-ce pas?[2]
Écris-moi vite,
Julie Stockdale

A good letter which answers all questions and requests, shows enthusiasm ([1]) and
with a good humorous touch ([2]) – but longer than required. Under exam
conditions, the candidate is likely to make some unforced errors through pressures
of time. The phrases and sentences in italics could be left out and still give a good
letter, and the candidate would have the time for a thorough check for errors.

Specimen answer 2

Versailles
le 2 décembre

Chère Christina,
J'ai vu ton annonce dans un illustré[1] et je t'écris parce que j'ai des cassettes
de Wham et des albums de Dépêche Mode que je ne veux plus garder.[2] Ils
sont en très bon état.[3]
Quant au prix,[4] je ne sais pas combien il faut demander, parce que l'argent
ne m'intéresse pas tellement. Je préfère les échanger contre[5] des cassettes ou
des disques de Bruce Springsteen, comme 'Dancing in the Dark'.
Écris-moi vite, stp.
Graham Turban

[1] a sensible beginning   [2] *which I no longer wish to keep*   [3] answers the
advertiser's concern about good condition   [4] *as for the price. . .*   [5] useful
phrase when replying to a small ad.

Specimen answer 3

Hounslow,
le 30 mai

Monsieur![1]

Un ami m'a passé votre annonce[2], parce qu'il sait que je cherche un emploi en France.

J'ai dix-neuf ans et j'ai déjà travaillé au Café Galles à Paris-Plage. Après mes trois mois là-bas, je parle assez couramment le français et l'idée de travailler encore une fois dans un café touristique m'intéresse beaucoup.[3]

M. Dominique Serna, le propriétaire du Café Galles peut vous fournir des détails de mon travail chez lui. Son adresse est:
   Café Galles, 15 rue de la Manche,
   Paris-Plage.
Veuillez agréer, Monsieur, . . .

Steven McKenna

This is over the 60 words required and will lose credit if there are too many errors.

Specimen answer 4

Le Pornic,
le 3 novembre

Chère Gabrielle,
   Je suis en vacances chez des amis au Pornic et j'ai vu ton annonce ce soir. *Nana me plaît beaucoup* et *je voudrais bien acheter* tes trois posters, s'ils sont *en bon état*. L'idée d'un échange ne m'intéresse non plus.
   Quant au prix, 65 fr. me semble très acceptable. Si tu ne les as pas encore vendus, peux-tu me contacter au numéro 971675 jeudi ou vendredi soir après six heures.
   Dans l'attente de t'entendre,
                    Lyn Nunns

[1] formal start [2] *a friend passed your advert on to me* [3] candidate sounds enthusiastic: try to do the same.
Note from the phrases in italic how Lyn uses simple language she knows well. Her suggestion of making contact in the second paragraph is also a good idea.

WRITING
4 A formal letter

You have received this funeral card from the French family with whom you stay on exchange:

Nous vous prions d'assiter aux Obsèques de
Madame Gervaise Chambéry, décédée pendant son sommeil, la nuit du 13 mars 1986, dans sa 82e année, en son domicile, 5, rue Léon l'Hermitte, Toulouse. Les Obsèques auront lieu le mardi 19 mars à 3 heures précises en la Basilique de St-Sernin à Toulouse.

PRIEZ POUR ELLE!

On se réunira à l'église (Place St-Sernin).

De la part de:

Monsieur et Madame Roger CHAMBÉRY

Selon la volonté de la défunte, ni fleurs ni couronnes; à remplacer par des dons à la Croix Rouge.

Write to M. and Mme Chambéry, expressing your regret at the news. Say the card arrived too late for you to attend and ask if your friend, Patrick, was at home for the funeral or in America. Say you are enclosing five pounds from your family for the *Croix Rouge*.

Specimen answer

Cwmtwp,
le 20 mars

Chers Monsieur et Madame Chambéry,
  J'ai été très triste de recevoir votre carte et la nouvelle du décès de Madame Gervaise, qui a toujours été très gentille pour moi.
  La carte est arrivée ce matin même, un jour après les obsèques — voilà pourquoi je n'ai pas pu y assister. Est-ce que Patrick était chez vous pour les funérailles? J'aurais bien voulu le voir.
  Veuillez accepter de la part de ma famille ce petit billet comme don à la Croix Rouge.
  Mes sentiments respectueux,
    Siân

Note the standard beginning, and a sensible ending, even if not quite right.

WRITING
5 A holiday advertisement

You have seen the following advert for holiday accommodation:

«PAYS DE COCAGNE»

URRUGNE – 7 km de St.Jean-de-Luz.
N° (59) 24.18.47 – Pavillon rural,
situé à la lisière du village, à côté
d'une exploitation agricole.
Atelier, séjour, cuisine moderne,
salle de bains, douche, buanderie.
3 chambres – 6 personnes.
Plage et voile – 8 km. Pêche et
piscine tout près, plus terrain de
sport.

Prix très raisonnable.

Propriétaire: DANTRAN Valérie.

Service de réservation.

GÎTES RURAUX

Write to Mme Dantran, saying a group of seven of you would like to book the
'Pays de Cocagne', 1–14 August. Ask whether the house could accommodate
a seventh person, how much the holiday will cost, whether there is a cheap
restaurant nearby and if there is any horse-riding available. Give her your
phone number and say she is welcome to ring you and reverse the charges.

Specimen answer

Newark,
le 25 mai

Madame,

Je vous écris de la part de ma famille et de nos deux amis. Nous voudrions bien louer 'le Pays de Cocagne' pour la période 1–14 août, si la maison est aussi grande pour accommoder une septième personne. Si c'est possible, pourriez-vous nous dire, s'il vous plaît:

1 combien cela va nous coûter
2 s'il y a un restaurant pas cher dans le quartier
3 s'il est possible de faire de l'équitation quelque part.

Mon numéro de téléphone est le 81753 à Newark et nous serions bien contents de recevoir un appel en PCV.

Nous vous remercions d'avance.

Veuillez accepter, etc. . . .

Jackie Hares

Note the use of clear, straightforward language in this letter.

WRITING
6 Good news

Pratique 1 Your French friends have sent you this card, announcing the birth of their new child:

Avec notre fils

Gilbert

Nour avons la très grande joie

de vous annoncer la naissance de

MELANIE

le 4 Décembre 1986.

La Clinique Landaise,   *Colin et Louise Dax,*

33000, Bordeaux.   *6, rue de l'Etang,*

                               Léon, Landes.

Write to Colin and Louise, congratulating the family. Ask what present they would like for the baby, how much she weighs, whom she looks like, when mother and baby will leave the clinic, and when it would be convenient for you to come and see them all.

Specimen answer

> Glasgow,
> le 11 décembre

Chers amis,

   Quelle bonne nouvelle! Je sais combien vous avez voulu avoir un autre enfant, surtout une fille! (Alors, je vous en félicite!) Qu'est-ce que vous voudriez comme cadeau pour la petite Mélanie —un jouet, quelque chose pour l'avenir, des vêtements (de quelle couleur)? Écrivez-moi vite avec des suggestions.

   Combien est-ce que Mélanie pèse? À qui est-ce qu'elle ressemble (—à Colin ou à Louise, ou peut-être aux grands-parents)?

   (Encore des questions.) Quand est-ce que Louise et Mélanie vont quitter la clinique et qui est-ce qui s'occupe de Gilbert? (Je voudrais bien savoir, parce que) ça me ferait plaisir de vous rendre visite le plus tôt possible, si vous pouvez me suggérer une date convenable.

   De bonnes bises à tout le monde,

                               Phil

Pratique 2   You are staying in France and receive this card:

ON T'INVITE

nous fêtons mon anniversaire

le samedi 8 août, chez moi, à partir de

..8... heures .00...

Tu ne peux pas téléphoner - notre appareil est en panne! Alex

VIENS NOUS REJOINDRE!

R.S.V.P.

Write to Alex, saying you'll be delighted to come. Ask whether he or she wants you to bring a present or a bottle. Say you'll get there about half past eight and that because you've got transport difficulties, please can someone give you a lift home, or put you up. Ask, also, if someone you particularly like will be there.

Specimen answer

St Denis,
le 13 octobre

Chère Alex,

Il m'a fait énormément de plaisir de recevoir ta carte. J'accepte volontiers!

Est-ce que tu préfères un petit cadeau ou une bouteille? Je vais arriver vers huit heures et demie, mais j'ai un petit problème. (Je n'ai pas de voiture.) Est-ce que quelqu'un pourra me transporter chez moi après la boum? Si ce n'est pas possible, y a-t-il une chambre libre (chez toi ou chez des copains)?

(Une question très importante et tu peux bien rire —) est-ce que Danny sera là? Je m'impatiente de le revoir — toi, aussi!

À bientôt
Fiona

These two letters are longer than necessary. Some of the phrases in brackets could be left out.

END OF BASIC WORK

WRITING
7 Letter to a pen-friend

You have received the following letter from a pupil in a French school which has contacts with yours. Write a suitable reply, answering all the questions.

Cher Mel,

J'ai été très content de recevoir ton adresse de mon prof, parce que je voudrais bien avoir un correspondant britannique. Et toi, aussi, j'espère que ça va te plaire.

J'habite Paris, mais nous ne sommes pas toujours dans la capitale, puisque mon grand-père a une petite maison de campagne près des Sables d'Olonne sur la côte atlantique. Nous y allons très souvent, surtout l'été.

Nous? Ça veut dire mon père, ma mère, ma sœur, Sylvie, et notre perroquet, nommé Corsaire. Mon père est routier, maman travaille pour l'assistance sociale et Sylvie est en quatrième—elle a quatorze ans. Moi, je suis en seconde (16 ans), et toi?

Quand tu écriras, parle-moi de ta famille et de tes passe-temps. Ce qui m'intéresse? Ça, ce n'est pas problématique! —C'est le cyclisme et surtout la planche à voile! Faire de la planche, c'est très cool! Ça te plaît aussi?

Écris-moi vite.

Ton copain,
Dédy (Soler)

Specimen answer

Bristol
le 2 octobre

Cher Dédy,

Merci bien de ta lettre. Moi aussi, j'ai été très content de recevoir[1] ta lettre. (Oui, tu as raison, l'idée d'avoir un correspondant français me plaît beaucoup.)

Comme tu sais, j'habite Leeds, une grande ville dans le nord de l'Angleterre. (Elle est industrielle avec de jolis endroits et une équipe de football très célèbre.) Moi, je passe mes vacances chez des parents au Pays de Galles. (La mer et les plages là-bas sont fantastiques —) tu pourras[2] m'y accompagner, si tu nous rends visite.

Il y a cinq personnes dans ma famille et nous n'avons pas d'animaux! Papa est contremaître dans une usine, maman est bibliothécaire et mes sœurs jumelles, Tonia et Julia sont en troisième. L'école ne leur a jamais plu[3]—à moi non plus![4]

Quand j'ai du temps libre, j'aime bricoler[5] et je fabrique toutes sortes de choses en bois (— étagères,[5] placards, petites tables, etc.) Comme toi, je suis vélomane et je passe des semaines en selle pendant les vacances. Je n'ai jamais fait[6] de la planche, mais je voudrais bien l'apprendre.

Bien amicalement,

Mel

Phrases and sentences in brackets in this and the following letters could be omitted.
[1] uses beginning of Dédy's letter [2] good use of future [3] good use of negative [4] good use of phrase from conversation [5] good vocab. [6] uses several past tenses – Credit!

WRITING
8 Letter to an old friend

You have received the following letter from an old friend. Write a suitable reply, answering all the questions.

Chère Pauline,

Ça fait déjà deux ans que je n'ai pas eu de tes nouvelles et je voudrais bien te voir. Je vais bientôt avoir dix-huit ans et je vais épouser Michot, que tu connais déjà.

Le mariage aura lieu dans trois ou quatre mois, en plein été. Est-ce que tu voudrais y assister? Tu pourras rester chez nous aussi longtemps que tu voudras avant le mariage.

Ça te ferait plaisir de m'aider à choisir ce qui reste de mon trousseau, etc.? La famille de Michot a dit que si tu veux, tu pourras passer quelques journées à Cuers après nos noces. Qu'est-ce que tu en penses?

Si tu as changé d'adresse, envoie-moi ton adresse actuelle—ou encore mieux, passe-moi un coup de fil! Michot t'envoie des bises. Il est toujours fou, mais je l'aime!

De bonnes bises,
Nelly

Specimen answer

Hull,
le 30 mars

Chère Nelly,

Merci pour ta lettre, que j'ai reçue hier. (Tu as bien raison —) c'est bien ma faute, car je suis une très mauvaise correspondante. C'est que j'avais déménagé[1] (dans l'intervalle. . . mais, je ne vais pas te faire plus d'excuses)!

Je suis bien contente d'avoir ta bonne nouvelle — (j'aime bien Michot et) je suis sûre que vous serez[2] très heureux, tous deux.

Quant à ton invitation, je l'accepte avec plaisir et je suis ravie de l'idée de t'aider avec les préparatifs. Oui, je voudrais bien passer quelques journées à Cuers (après les noces) et si tu peux remercier les Dalmasso pour moi d'avance, je serais très reconnaissante. Disons, une semaine au plus, parce que je dois travailler (pour gagner de l'argent)!

Je ferai ce que tu suggères,[3] (c'est-à-dire,) je te téléphonerai d'ici huit jours[3] pour discuter tous les détails nécessaires. J'espère qu'il y aura de beaux garçons au mariage!

De bonnes bises,
   Pauline

[1] pluperfect tense – Credit   [2] good use of simple future   [3] confident handling of future – Credit!

WRITING
9 A holiday invitation

You have received the following letter from your French pen-pal. Write a suitable reply. making sure you answer all the questions.

Albi,
le 4 juillet

Cher Geraint/Chère Kate,

Comme tu sais, je suis un très mauvais correspondant, mais j'ai été obligé de t'écrire, parce que je ne peux pas te contacter par téléphone! As-tu changé de numéro ou d'indicatif?

Peu importe! La raison pour laquelle je t'écris est très simple. Ma famille et moi, nous allons passer les vacances en bateau—nous allons suivre le Canal du Midi d'ici jusqu'à la côte.

Est-ce que tu voudrais nous accompagner? Si oui, écris-moi vite, pour me dire si tu vas arriver à la gare ou à l'aéroport de Toulouse, l'heure de ton arrivée et combien de temps tu peux rester après le parcours. Oh, pardon, j'ai oublié—les dates de notre expédition sont du 1er au 15 août. Si tu n'as pas de bottes en caoutchouc etc., ne t'en fais pas. Dis-le moi, et je vais en trouver pour toi.

Je t'embrasse,
Didier

Specimen answer

Bridgend,
le 14 juillet

Cher Didier,

(À la bonne heure —) tu m'écris enfin! Non, je n'ai pas changé de[1] numéro, ni d'indicatif, c'est toujours le même!

(Sans blague,) je te remercie de ton invitation que j'accepte avec plaisir. Comme tu sais, j'adore (les bateaux et surtout) la vie du canal.[2]

Du point de vue pratique,[3] je vais prendre[4] l'avion, (parce que c'est beaucoup plus rapide.) J'arriverai[5] donc à l'aéroport de Toulouse, disons, à 19h le samedi 29 juillet, si ça ne te dérange pas. Je pourrai[5] rester toute une semaine après la fin de 'l'expédition' — (jusqu'au 22 août.) En ce qui concerne les bottes[6] etc., j'ai tout ce qu'il me faut.[6]

À bientôt,
Geraint/Kate

---

[1] note *changer de*   [2] a simple paragraph: the candidate is writing good French, without trying to go beyond her present ability   [3] *from the practical point of view*   [4] candidate uses a Near Future Tense, then. . .   [5] a straight Future Tense. This sort of variation will give the candidate credit for handling tenses confidently   [6] two useful idioms (*as far as the boots etc. are concerned* and *I've all I need*) – but, candidate hasn't fallen into the trap of peppering her letter with flowery phrases, which would make it look highly artificial.

Your parents have received this letter concerning your family's holiday booking. Draft a suitable reply, answering the questions and stating that you now need a single room instead of the second double room, because your brother/sister cannot get time off from work.

L'HOSTELLERIE DU LAC
L'ISLE-JOURDAIN

Cannes,
le 23 juin

Cher M. Buckby,

Nous avons bien reçu votre lettre du 18.6. Malheureusement, nous n'avons plus de chambres avec douche pour la période 16.7–28.7. Mais, nous pouvons vous proposer:

(a) une chambre avec un grand lit + salle de bains à 200 fr. la nuit,

(b) une chambre à 2 lits + salle de bains à 220 fr. la nuit.

Dans votre première lettre vous m'avez écrit que votre itinéraire était assez flexible. Me permettriez-vous de vous suggérer comme alternative un petit changement de dates? Si vous arrivez le 18, il n'y aura pas de problème pour vous trouver une ou deux chambres avec douche à 170 fr.

Si vous pouvez m'indiquer en même temps, si vous voulez une pleine ou demipension, cela nous aidera.

Veuillez agréer, Monsieur, . . .

Annie Serre [Mlle]

Specimen answer

York,
le 29 juin

Chère Mlle Serre,

Je vous remercie (vivement) de votre lettre du 23 juin[1] (et j'apprécie les suggestions que vous avez faites).[2]

Malheureusement, je dois suggérer encore des changements, parce que nous avons eu[2] des difficultés ici à York.[3]

Au lieu de la[4] deuxième chambre à deux lits, il nous en faut une à un lit, si c'est possible, puisque mon frère ne peut pas obtenir de[5] congé. Alors, s'il vous plaît, une chambre avec un grand lit à 200 fr. plus une à un lit feraient notre affaire.[6]

Malheureusement, nous ne pouvons pas changer de dates (à cause de mon travail) et nous accepterons[7] alors deux chambres avec salle de bains.

(Merci bien de votre gentillesse.)
Veuillez agréer, Madame, . . .
Micky Buckby

[1] a standard, formal introduction in this situation   [2] nice variation of tenses   [3] a neat paragraph, using straightforward French, which should not be beyond you   [4] *instead of*   [5] governed by a negative verb, so expect *de*, not *un*   [6] *would suit us*   [7] candidate handles the future tense confidently.

WRITING
11 A sympathetic letter

Write a suitable reply to the following letter:

Carcassonne

Chère Robin,

Merci de ta lettre. Je suis un peu triste pour le moment et je vais t'en parler.

Tu sais bien que Papa peut être très difficile, pour le moins! Des fois, il est très pénible et, comme tu sais, il a tendance à se fâcher. Mais, cette fois-ci, j'ai eu une peur bleue. Faut que je te l'explique.

Bref, j'ai refusé de continuer l'école. Moi, je ne suis pas toujours pleine de tact, mais quand même! Peut-être aurais-je dû l'annoncer un peu plus douce-ment, mais quand je le lui ai dit pendant le dîner hier, je croyais qu'il allait mourir d'une crise cardiaque! Il a changé de couleur et m'a accusé d'infidélité à la famille et tout ça.

Mais, je suis déterminée, j'ai pris ma décision et je ne vais pas rentrer au lycée pour faire mon bac. On m'a offert une place dans une agence de voyages et je peux profiter de l'occasion d'une formation pro-fessionnelle ici et à l'étranger. Qu'est-ce que t'en penses?

Oh, les parents! Ça, ce n'est pas juste! Maman a été gentille comme toujours. Oh, les pères!

Je t'embrasse,
Valérie

Specimen answer

Maidstone
le 9 septembre

Chère Valérie,

Merci bien pour ta lettre.[1] J'ai été très contente de la recevoir, mais non pas d'entendre tes nouvelles.[2]

(Tu dois savoir que) je crois que tu as cent pour cent raison d'avoir quitté l'école, parce que tu as toujours voulu te trouver un métier plutôt que de rester en classe. Puisque cet emploi t'offre tant de bienfaits, il me semble que tu as été obligée de l'accepter.[3]

Quant à ton père, (je trouve très difficile de commenter, parce que je n'en ai pas le droit.[4] Ta mère, je la connais bien, et son attitude positive ne m'étonne pas.) (Mais,) je t'assure que ton père changera[5] d'avis après un peu de temps et qu'il acceptera[5] la situation, puisque je suis certaine qu'il t'aime.

Si tu as besoin d'un changement d'air, viens passer quelques journées chez nous et n'oublie pas — je suis toujours à l'autre bout du fil![6] En effet, je vais te passer un coup de fil samedi.

De bonnes bises,

Robin

---

[1] a standard introduction (it is worth learning the common introductions to letters in this book)   [2] handles quite a difficult structure well (*not to (have) hear(d) your news*)   [3] second paragraph contains a good number of Past Tenses and quite tricky phrases, but there is no temptation to pepper the writing with flowery idioms   [4] *I don't have the right*   [5] two confident Future Tenses   [6] a neat idiom: *You'll always find me at the other end of the phone (line).*

WRITING
12 Responding to bad news

Write a suitable reply to the following letter:

Compiègne

Cher Bill,

Je t'écris pour t'annoncer une mauvaise nouvelle—je ne peux pas t'accompagner pour nos vacances à moto, puisque je n'ai plus de moto! Pire, je n'ai plus de permis! Tu sais ce que c'est que les motards—c'est une drôle d'histoire!

J'ai cogné une bagnole que je doublais près d'un rond-point et je suis tombé de ma moto. On m'a transporté au centre hospitalier, mais je n'étais pas vraiment blessé.

Et—écoute-moi ça! Je suppose que j'avais perdu connaissance. De toute façon, quand je me suis réveillé, sais-tu ce que j'ai vu? Tu l'as! Il y avait un flic à côté de mon lit!

Je n'ai plus de permis, parce que les policiers et les témoins ont dit que c'était ma faute—tu sais comme ils ont des préjugés contre les motocyclistes! En plus, j'ai eu 1000 fr. d'amende. Ce n'est pas fin!

Ton copain,
Marc

Specimen answer

Southampton
le 6 juin

Cher Marc,

Qu'est-ce que je dois faire maintenant?[1] Nous avons déjà payé les vacances, mais je ne veux pas y aller seul! (Un motocycliste seul au camping, ce n'est pas drôle, ça!)

(Puisque c'est toi qui as tout organisé,) est-ce que tu sais si nous avons droit à un remboursement[2] sur le prix de notre emplacement, etc. Si non, je ne sais pas ce que[3] je vais faire, parce que je n'ai pas suffisamment d'argent pour payer double mes vacances.

Tu n'as pas eu de la chance, toi! (Je sais bien que tu conduis d'une façon très habile[4], même si[5] tu roules un peu trop rapidement des fois.) Comme tu dis, les automobilistes ne nous respectent jamais![6]

Et les motards! Tu as raison, ils sont toujours hostiles envers nous. Mais je suis content de savoir que tu n'es pas resté longtemps au centre hospitalier.

Écris-moi vite,
   Bill

[1] adopts the right, fairly desperate tone to start! There are only a few Past Tenses in this letter, but this is offset by a lot of very fluent French: don't feel you always have to pack your letters with difficult tenses   [2] *if we are entitled to have any money back*   [3] *ce que* = the relative 'what'   [4] *in a very skilful way*   [5] *even if*   [6] writer has changed the tone in the second half of this letter, to agree with Mark's hostility towards car drivers and the traffic police.

WRITING
13 Telling a story 1

Tell the story of each of the following sets of pictures. It will help you to write as if you are one of the characters.

1

2

3

4

5

6

Specimen answer

On était en plein été et Valérie et moi, qui nous trouvions en vacances en Auvergne, louions des lits à l'auberge de jeunesse. Il y avait toute une foule de jeunes qui s'inscrivait[1] aussi.

Le lendemain matin il faisait très beau et nous avons décidé de faire de l'alpinisme. Après avoir pris[2] le petit déjeuner, nous nous sommes mis en route, pleins d'enthousiasme.

A mi-chemin, nous avions un peu chaud et moi, qui avais tendance à[3] trop manger, mourais de faim[4]. Alors, nous nous sommes arrêtés[5] pour piqueniquer et nous nous sommes bien restaurés.

Comme[6] nous atteignions le sommet de la montagne, le temps a commencé à changer et le brouillard à descendre. A cause de ces[6] conditions, nous avons dû continuer tres prudemment.

La situation se corsait et nous avons pris une decision: «Il vaudra mieux dresser la tente ici,» ai-je suggéré.[8] Malgré le temps, la tente était bientôt prête et nous nous sommes blottis dans nos sacs de couchage.

Comme nous n'avons pas bien dormi[9], nous sommes sortis de notre tente le lendemain matin à peine[10] éveillés. Jugez de notre surprise quand nous avons vu que nous nous trouvions sur un petit sentier au bord d'un gouffre affreux[11]

[1] useful vocabulary   [2] use of *après avoir* construction   [3] good structure   [4] good idiom   [5] good use of Perfect Reflexives   [6] varies start of sentence   [7] suitable Future Tense   [8] more interesting than *dit*   [9] good use of Pluperfect   [10] good adverbial phrase   [11] lively conclusion with variety of vocabulary.

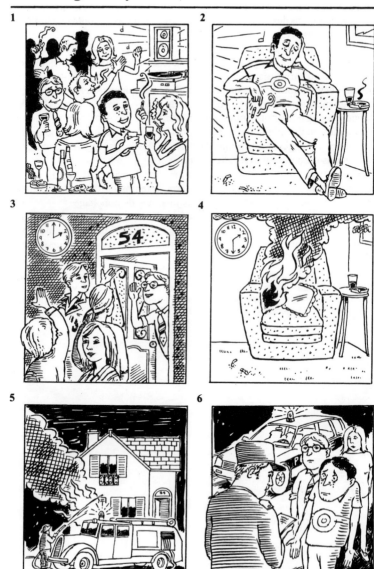

Specimen answer

On ne m'avait pas invité à la boum, mais j'étais là[1], quand même! Je m'amusais avec quelques autres copains, tout en buvant et fumant à l'excès, comme toujours.

Peu à peu, je devenais de plus en plus[2] saoul et fatigué. Il s'est ensuivi[3] que je me suis endormi et ma cigarette non-éteinte est tombee sur le fauteuil.

A deux heures du matin, la plupart des invités partaient, tout en saluant. Mais, à l'intérieur, je dormais toujours et mon fauteuil avait commencé à brûler. Bientôt, toute la pièce était en feu.[4]

Peu de temps après, une voiture des pompiers est arrivée, mais la maison entière était en flammes.

Après avoir éteint l'incendie, les pompiers sont retournés à la caserne, mais la police a dû rester pour enquêter sur l'affaire.[5] En parlant aux[6] invités qui n'étaient pas encore partis, ils ont essayé d'obtenir tous les faits. Moi, qui haussais les épaules, je n'avais aucune opinion sur la cause, parce que j'avais trop bu.

---

[1] good use of a Pluperfect verb together with the Imperfect allows the writer to be suitably sarcastic!   [2] an excellent structure   [3] a very useful verb for picture-narrative work: it allows you to show something happening as a result of something else   [4] in paragraphs 3–5, note good use of straightforward writing   [5] sound use of a suitable phrase – not just added on to impress   [6] useful starter for a sentence.

Specimen answer

Un jour, notre groupe de jeunes estivants s'amusait et se bronzait sur la plage près de Léon sur la côte Atlantique.[1]

A une heure, nous avions presque tous une grande envie de manger—sauf moi[2] qui voulais rester sur mon lit de plage. Les autres sont partis en me saluant.

Une heure plus tard, je m'étais endormi[3] sous le soleil et la marée montante commençait à[3] entourer mon matelas pneumatique.

Sous peu, le matelas se trouvait loin de la plage, je me suis réveillé et j'ai commencé à hurler—

« Au secours ou je vais mourir—je ne sais pas nager ! »

Une jeune fille, Nadine, une nageuse experte,[5] a plongé dans la mer pour venir à mon aide. Avant de m'atteindre[6], Nadine a remarqué que je m'étais évanoui.[5]

Grâce à[7] son entraînement, Nadine a pu me sauver; elle a dû faire du bouche-à-bouche.[5] Chose interessante—il faut se rappeler que les secouristes ne sont pas toujours des hommes !

---

[1] a neat and direct introduction [2] confident use of *sauf* (= except for) [3] uses the Pluperfect and Imperfect Tenses well together [4] good vocabulary [5] uses *avant de* + verb (= before . . . ing) correctly

GRAMMAR NOTES

The definite article (the)

le   before a masculine singular noun, e.g. **le train** *the train*
la   before a feminine singular noun, e.g. **la femme** *the wife*
l'   before a singular noun starting with a vowel, or most 'h's, e.g. **l'extérieur** *the outside*, **l'Américain** *the American.*
les before masculine and feminine nouns in the plural, e.g. **les températures** *the temperatures*

1 The definite article is used in French, but not in English:

(*a*) In front of abstract (= non-concrete) nouns, e.g.

La pluie tombait. *Rain was falling.*

(*b*) To indicate a person's rank or title and in polite forms of address, e.g.

Madame, la directrice; Le capitaine de l'équipe, J-P Rives.

(*c*) With parts of the body (instead of **mon/ton/son/notre**, etc.), e.g.

J'ai mal à la gorge. *I've a pain in my throat*
Je me suis coupé le pouce. *I've cut my thumb.*

(*d*) With the names of countries and regions, e.g.

La France a ses problèmes *France has got its problems.*
La Normandie est un peu comme le Sussex. *Normandy is a bit like Sussex.*

2 The definite article is left out in French, but used in English in lists, e.g.

Ils ont tout volé—argent, bijoux, polices! *They stole it all – (the) money, (the) jewels, (the) policies!*

3 It is used in the singular in French, when plural in English, in the following type of sentence:

Les Anglais ont jeté leur parapluie! *The English have thrown away their umbrellas!* (Singular, *leur*, because they have only one each)

The indefinite article (a(n), some)

un   before a masculine singular noun, e.g. **un sac** *a bag*
une before a feminine singular noun, e.g. **une calculatrice** *a calculator*
des before masculine and feminine nouns in the plural, e.g. **des bâtiments** *buildings*, **des affaires** *things*

1 The indefinite article is used in French, but not in English, with an abstract (non-concrete) noun accompanied by an adjective e.g.

avec une grande peur *with great fear*

2   It is left out in French, but used in English:

(*a*)   With nationality or religion, e.g.

Il est Espagnol. *He's a Spaniard.*

(*b*)   When talking about jobs or occupations (provided the job does not have an adjective with it), e.g.

Elle est contractuelle. *She's a traffic warden.*

(*c*)   After **Quel(le)s**, e.g.

Quel drame! *What a drama!*

(*d*)   Before a noun in apposition, e.g.

Strasbourg, centre de commerce . . . *Strasbourg, a centre of commerce . . .*

The partitive article (some, any)

du   before a masculine singular noun, e.g. **donne-lui du whisky**! *Give her some whisky!*

de la   before a feminine singular noun, e.g. **de la dentifrice** *(some) toothpaste*

de l'   before a singular noun starting with a vowel or 'h', e.g. **de l'huile** *some oil*

des   before nouns in the plural, e.g. **des piles** *(some) batteries.*

Note that 'some' is often left out in English.

1   **Du/de la/de l'/des** all shorten to de as follows:

(*a*)   After a negative expression (**ne . . . pas, ne . . . plus, etc.**), e.g.

Je n'ai pas de monnaie! *I've no change!*
Vous n'avez-pas de bougies? *You haven't (got) (any) sparking-plugs?*

(*b*)   Immediately in front of a plural adjective, e.g.

Elles ont de bonnes joueuses! *They've got (some) good players!*

2   Note the difference between **pas de** *not a(ny)* and **pas un(e)** *not a single (one):*

Je n'ai pas de passeport!   Je n'ai pas une photo!
I haven't a passport!   I haven't a (single) photo!

3   Ne . . . que *(only)* is an exception to Note 1(*a*), e.g.
Nous n'avons que *du* super. *We've only got 4-star.*

4   When an adjective works in a very common combination with a plural noun, it doesn't follow the pattern of Note 1(b):

Je vous sers **des** petits pois? *Shall I serve you some peas?*
Elle était là avec **des** jeunes gens. *She was there with some young people.*

Nouns

Gender

All nouns in French have a gender and are either masculine (**le**) or feminine (**la**). With some nouns, the gender is obvious, i.e. when the nouns refers to a male or female person/animal: **le frère** *the brother*, **la cousine** *the female cousin*, **le loup** *the wolf*, **la chienne** *the bitch*.

However, when the noun is a thing or an idea, there is no pattern to help you decide whether it is masculine or feminine: **le manteau** *the coat*, **la cravate** *the tie*.

The plural of nouns

Like English, most nouns in French become plural by adding an **-s**, e.g. **20 kilomètres, 2 lampes électriques**.

Exceptions are:

(*a*) Nouns ending in **-al** change to **-aux**, e.g. **des chevaux, de vieux généraux.**

(*b*) Most nouns ending in **-eu** change to **eux**, e.g. **3 feux rouges.**
(Exception: **le pneu – les pneus** *tyres*.)

(*c*) Nouns ending in **-eau** change to **-eaux**, e.g. **les eaux** *the waters*.

(*d*) A few nouns ending in **-ou** change to **-oux**: **bijoux** *jewels*, **cailloux** *pebbles*, **choux** *cabbages*, **genoux** *knees*, **hiboux** *owls*.
Otherwise, the ending is the normal **-s**: **clous** *nails*, **trous** *holes*.

(*e*) Nouns ending in **-s, -x, -z** stay the same in the plural, e.g. **des nez** *noses*, **des voix** *voices*, **les temps** *times*.

(*f*) Note also these common oddities:

le ciel (*sky*) — les cieux (*heavens*)	monsieur—messieurs
madame — mesdames (*ladies*)	(*gentlemen*)
mademoiselle — mesdemoiselles (*misses*)	l'œil—les yeux (*eyes*)

(*g*) *Compound nouns* Try to learn these plurals:

beaux-pères	grands-parents
beaux-frères	grands-pères
belles-mères	grand-mères

Adjectives

Singular

1 The masculine form is the basic form of the adjective. To form the feminine, you (normally) add an **-e** to the masculine, e.g. **étroite** *narrow*, **noire** *black*.

Adjectives already ending in **-e** in the masculine stay the same in the feminine, e.g. **utile** *useful*, **bête** *stupid*.

There are some other regular patterns of feminine ending, which go a little further than just adding an **-e**:

el — elle:	traditionnel — traditionnelle (*traditional*)
en — enne:	ancien — ancienne (*former, one-time*)
er — ère:	cher — chère (*dear*)
et — ette:	cadet — cadette (*younger*)
eux — euse:	creux — creuse (*hollow*)
f — ve:	vif — vive (*brisk, lively*)

2 *Common irregular adjectives* Some adjectives are a law unto themselves. The most common ones you need to know are:

masc.	fem.	masc.	fem.
bas	basse (*low*)	grec	grecque (*Greek*)
beau	belle (*beautiful*)	gros	grosse (*big, large, fat*)
blanc	blanche (*white*)	long	longue (*long*)
bon	bonne (*good*)	malin	maligne (*sly, nasty*)
doux	douce (*sweet, soft*)	mou	molle (*soft*)
épais	épaisse (*thick*)	nouveau	nouvelle (*new*)
faux	fausse (*false*)	public	publique (*public*)
favori	favorite (*favourite*)	sec	sèche (*dry*)
fou	folle (*mad*)	sot	sotte (*silly, foolish*)
frais	fraîche (*fresh*)	roux	rousse (*red, of hair*)
gentil	gentille (*kind, nice*)	vieux	vieille (*old*)
gras	grasse (*greasy, of food*)		

3 *Unusual masculine adjective forms* The following four adjectives have a special masculine form in front of a noun beginning with a vowel or mute 'h':

beau — mon bel ami (*my handsome friend*)

fou — un fol espoir (*a mad hope*)

nouveau — un nouvel hôtel (*a new hotel.*)

vieux — notre vieil oncle (*our old uncle*)

The plural of adjectives

1 Most adjectives simply add an **-s** to the masculine or feminine singular form, e.g. **laid — laids; normale — normales**.

2 A masculine adjective ending in **-s** or **-x** in the singular does not change in the plural, e.g. **un bifteck gras — des biftecks gras** (*fat steaks*); **un clochard malheureux — des clochards malheureux** (*unfortunate tramps*).

3 Masculine singular adjectives ending in **-al** change to **-aux**, e.g. **un homme normal — des hommes normaux** (*normal men*).

4 Masculine singular adjectives ending in **-eau** and **-eu** add an **-x**, e.g. **de nouveaux magazines**.

(Exception: **bleu — J'ai trois pantalons bleus!**)

The position of adjectives

1 The vast majority of adjectives (including all colours) normally come after the noun, e.g. **un film fantastique, une cérémonie municipale**.

2 Some very common adjectives usually come in front of the noun. Those you need to be able to use are:

beau	*handsome, beautiful*	joli	*pretty*
bon	*good*	large	*wide*
court	*short*	long	*long*
excellent	*excellent*	mauvais	*bad*
fou	*mad*	méchant	*bad, nasty*
gentil	*nice, kind*	meilleur	*better*
grand	*tall, big*	nouveau	*new*
gros	*fat, big*	petit	*small*
haut	*high, tall*	vieux	*old*
jeune	*young*	vilain	*ugly*

Examples: **un court séjour** *a short stay*; **une longue histoire!** *a long story!*

3 A very few adjectives can come before or after the noun. They change their meaning according to their position:

	before	**after**
propre	*own*	*clean*
ancien	*former*	*ancient*
cher	*dear* (= *loved*)	*expensive*
pauvre	*poor* (= *needing pity*)	*poor* (= *lacking money*)

Examples: **sa propre chemise** *his own shirt*; **sa chemise propre** *his clean shirt*.

Adverbs

In French, an adverb is normally formed by adding **-ment** to the feminine singular form of the adjective, e.g. **heureusement, largement**.

1 If the masculine singular form of the adjective ends in a vowel, you add **-ment** to the masculine form *not* to the feminine, e.g. **vraiment** *truly*; **poliment** *politely*.
(Exception: **gaiement** *gaily*.)

2 If an adjective ends in **-ant** or **-ent** in the masculine singular, you change the **-nt** to **m** and add the usual **-ment**, e.g. **constant — constamment** (*constantly*); **évident — évidemment** (*evidently*).
(Exception: **lentement** *slowly*.)

3 The following adverbs are formed irregularly:

adjective	adverb
aveugle	aveuglement (*blindly*)
bon	bien (*well*)
énorme	énormément (*enormously*)
gentil	gentiment (*kindly*)
mauvais	mal (*badly*)
meilleur	mieux (*better*)
petit	peu (*little*)
précis	précisément (*precisely*)
profond	profondément (*deeply*)

4 *The positioning of adverbs* Unlike in English, the adverb *never* comes between the subject and verb, e.g.

Je sors rarement. *I rarely go out.*
Elle y va normalement. *She normally goes there.*
Soudain, ils ont glissé. *They suddenly slipped.*

Demonstrative adjectives (this/that, these/those)

ce	before a masculine singular noun, e.g. **ce copain** *this friend*
cet	before a masculine noun starting with a vowel or mute 'h', e.g. **cet adulte** *this adult*
cette	before a feminine singular noun, e.g. **cette copine** *this friend*
ces	before nouns in the plural, e.g. **ces copains, ces copines, ces adultes**

The various forms of **ce** combine with **-ci** and **-là** when the speaker wants to emphasise the *this/that/these/those*, e.g.

-ci	Elle a livré ce colis-ci. *She delivered* **this** *parcel.*
-là	Je n'aime pas ces blouses-là. *I don't like* **those** *blouses.*

Possessive adjectives (my, your, his, etc.)

These are formed according to the following table:

	masc. sing.	*fem. sing.*	*masc. & fem. plur.*
my	mon	ma	mes
your (fam.)	ton	ta	tes
his/her/its/one's	son	sa	ses
our	notre	notre	nos
your (polite or plur.)	votre	votre	vos
their	leur	leur	leurs

1 **Mon/ton/son** are used instead of **ma/ta/sa** in front of a noun beginning with a vowel or mute 'h', e.g., **mon adresse; ton erreur; son hospitalité**.

2 Note that when using **son/sa/ses**, the adjective agrees with the noun. For example, **son** can mean either **his** or **her**, depending on the gender of the noun it describes:

sa micro *her/his micro-computer*
son invitation *her/his invitation*

The Comparative and superlative of adjectives
The Comparative

plus bête **que** = more *stupid* **than**
moins bête **que** = less *stupid* **than**
aussi bête **que** = as *stupid* **as**
pas si bête **que** = not *as stupid* as

Examples:

Tu es plus moche que lui! *You're more rotten than him!*
Elle est moins malade qu'Anne. *She's less ill than Anne.*
Il est aussi sympa que son frère. *He's as nice as his brother.*
Ce n'est pas si compliqué que l'autre. *It's not as complicated as the other.*

The Superlative

1 To form the Superlative (= *the . . .est/the most . . .*) of the adjective, you add **le, la** or **les** to the Comparative. The form varies slightly, depending on whether the adjective comes in front of or after the noun.

Examples (adjectives in front of the noun):

la plus jolie gagnante *the prettiest winner*
les plus petites robes *the shortest dresses*

(adjectives after the noun):

le PDG le plus riche *the richest Managing Director*
la chambre la plus sale *the filthiest (bed)room*

2 For 'in' with a Superlative, use the French **de**, e.g.

Elle est la meilleure chanteuse **du** groupe.
She's the best singer in the group.
Il est le plus habile **de** l'équipe.
He's the most skilful in the team.

3 **Bon** and **mauvais** form their Comparative and Superlative in the following way:

Ordinary	Comparative	Superlative
bon (*good*)	meilleur (*better*)	le meilleur (*best*)
mauvais (*bad*)	plus mauvais ⎱ (*worse*) pire ⎰	le plus mauvais ⎱ (*worst*) le pire ⎰

Examples:

C'est un meilleur résultat. *It's a better result.*
C'était la pire décision! *It was the worst decision!*

The Comparative and superlative of adverbs
Adverbs follow a similar pattern to adjectives.

The Comparative

plus	rapidement	**que** = *more quickly than*
moins	rapidement	**que** = *less quickly than*
aussi	rapidement	**que** = *as quickly as*

Remember that unlike adjectives, adverbs never agree with the noun or pronoun.

Examples:

Elle nage plus vite que moi. *She swims more quickly than me.*
Ils se disputent moins violemment que nous. *They argue less violently than us.*

The Superlative
To form the Superlative, **le** is placed in front of the adverb: **le plus rapidement.**

Elle roule **le** plus rapidement. *She travels the fastest.*

Remember that the **le** never changes, even if the person doing the action is feminine or plural, e.g. **Elle chante le plus doucement.** *She sings the most softly.*

Expressions of quantity

Words showing quantity are linked to the noun by **de:**

beaucoup de *a lot of*	une livre de *a pound of*
assez de *enough*	. . . cent grammes de . . . *hundred grammes of*
moins de *less*	
trop de *too much*	un mètre de *a metre of*
un peu de *a little*	une boîte de *a box (tin) of*
peu de *little*	une bouteille de *a bottle of*
combien de *how much (many)?*	un paquet de *a packet of*
un kilo de *a kilo of*	une pochette de *a bag of*

tant de (nourriture) *so much (food)*
tant de (cyclistes) *so many (cyclists)*
autant de (courage) (que) *as much (courage) (as)*
autant de (balles) (que) *as many (balls) (as)*

Exception: Remember **la plupart des** + plural noun, e.g.

> La plupart des infirmières étaient en grève. *Most of the nurses were on strike.*

Object pronouns (me, you, him, etc.)

An object pronoun is said to be *indirect*, if either 'to' or 'for' (*a*) is already in front of it, or (*b*) can be put in front of it and the sentence still makes sense. If neither (*a*) nor (*b*) applies, then the object pronoun is *direct*.

Pronoun	Direct object	Indirect object
me	*me*	*(to/for) me*
te	*you (2 pers. fam.)*	*(to/for) you*
se	*him-, her-, itself*	*(to/for) him-, her-, itself*
le (l')	*him, it*	−
la (l')	*her, it*	−
lui	−	*(to/for) him/her*
nous	*us*	*(to/for) us*
vous	*you*	*(to/for) you*
les	*them*	−
leur	−	*(to/for) them*

Examples:

> Elle me déteste. *She hates me.*
> Elle lui a fait une bise. *She gave him (= to him) a kiss.*
> Je leur ai envoyé un mandat-poste. *I sent them a money order.*

Y *and* en

Y and **en** are also treated as object pronouns:

> Nous **y** allons samedi. *We're going* there *on Saturday.*
> Elle **y** a vu une araignée. *She saw a spider* in it.
> J'**y** ai répondu. *I replied* to it. (**y** used with a verb taking **à**)

> **J'en** ai assez. *I've got enough* of it.
> Elle **en** a entendu plusieurs. *She heard several* of them.
> Tu **en** as? *Have you got some?*
> Vous n'**en** avez pas! *You have* not *got any!*
> Elle s'**en** est souvenue trop tard! *She remembered* it *too late!* (**en** is used with a verb taking **de**)

The position of object pronouns

In an ordinary sentence, the object pronoun stands immediately in front of the verb: **Elle** le **déteste!** *She hates him!*

This rule also holds good for questions and all negative sentences:

Les ont-ils battus? *Did they beat them?*

Ne **lui** parle pas! *Don't talk to him/her!*

Pay careful attention to commands. In a positive command, the object pronoun comes after the verb:

Parle-**lui**! *Talk to him/her!*
Regarde-**moi**! *Look at me!* (**me→moi, te→toi** after verb)

The order of pronouns

If there are two object pronouns (and, occasionally, even three), they follow a set order:

(Subject)						(Verb)
	me	le				
	te		lui			
[le garçon]		la		y	en	[sert]
	se		leur			
		les				
	nous					
	vous					

Examples:

Nous le leur avons donné. *We gave it to them.*
Elle lui en parle souvent. *She often talks to him about it.*

Emphatic pronouns

Emphatic pronouns are used when the person/animal/thing needs to be emphasised. They are:

moi	*me*	nous	*we*
toi	*you*	vous	*you*
lui	*him*	eux	*them (m.)*
elle	*her*	elles	*them, (f.)*
soi	*one*		

Emphatic pronouns are used:

(a) For emphasis, e.g. Moi, **je refuse!** I *refuse!* Lui, **il est violent!** He*'s violent!*

(b) When comparing, e.g. **Je suis moins intelligent que** toi *I'm less intelligent than* **you**.

(c) When the pronoun stands alone, e.g. **Qui l'a fait? — Eux!** *Who did it?–Them!*
(d) When there is a double subject, e.g. **Lui et moi (nous) sommes copains** *We are friends.*
(e) After a preposition, e.g. **Tu vas jouer avec lui!** *You're going to play with him!*
(f) Together with **même** (*=self*), e.g. **Elle l'a peint elle-même** *She painted it herself.*

Interrogative pronouns

1 *'Who' and 'what'*

	Person	**Thing**
Subject	Qui? Qui est-ce qui? } *Who?*	Qu'est-ce qui? *What?*
Object	Qui? Qui est-ce que? } *Who(m)?*	Que? Qu'est-ce que? } *What?*

Examples:

  Qui est-ce qui joue pour St Etienne? *Who is playing for St Etienne?*
  Qu'est-ce qui se passe? *What's going on?*
  Qui est-ce que vous avez battu? *Whom did you beat?*
  Qu'est-ce que vous entendez par cela? *What do you mean by that?*
  Remember that subject and verb do not change round after the long forms.

2 Quel *(+ noun) = What (+ noun)*

	sing.	*plur.*
masc.	Quel . . .?	Quels . . .?
fem.	Quelle . . .?	Quelles . . .?

The various forms of **quel** can only be used together with a noun. They work like ordinary adjectives, so they agree with the noun in gender and number. Examples:

  Quels posters as-tu achetés? *What posters did you buy?*
  Quelle chance! *What luck!*
  Quel est l'indicatif? *What's the code?*

3 Lequel? *Which one?*

	sing.	*plur.*
masc.	Lequel?	Lesquels?
fem.	Laquelle?	Lesquelles?

(*a*) These pronouns can only refer to a noun that has already been mentioned. They work on their own, *not* together with a noun, but agree in gender and number with a previously referred to noun. Examples:

Voilà deux disques — lequel préfères-tu? *Here are two records – which do you prefer?*
Es-tu allée à la discothèque? — Laquelle? *Have you been to the disco? – Which one?*

(*b*) **Lequel/ laquelle,** etc. also work as relative pronouns after prepositions, e.g.

C'est la chanson à laquelle tu penses! *It's the song you're thinking about!*

(*c*) **Lequel/laquelle,** etc. have a special relationship with **à** and **de** and produce new forms:

	masc.	*fem.*	*masc.*	*fem.*
sing.	auquel	à laquelle	duquel	de laquelle
plur.	auxquels	auxquelles	desquels	desquelles.

Example:

Le film au milieu duquel il y a la bataille. . . *The film in the middle of which there's the battle . . .*

4 Quoi? *What?*
Quoi is used:

(*a*) Alone:

Quoi? Veux-tu me le répéter? *What? Can you repeat that for me?* (as a *question-word*)
Quoi! Tu es fou! *What! You're mad!* (as an exclamation)

(*b*) After prepositions:

Avec quoi va-t-elle le faire? *What is she going to do it with?*
De quoi a-t-elle parlé? *What did she talk about?*

(*c*) In combination with **de**:

Quoi de nouveau? *What's new?*

Demonstrative pronouns (this, that, etc.)

1 Ceci (*this*) and **cela** (*that*), or **ça** when talking.

Ceci and **cela** do *not* change according to the gender or number of any nouns, because they refer to *general* ideas, suggestions, etc., not to individual words. Examples:

> As-tu vu ceci? *Have you seen this?*
> Cela m'embête! *That annoys me!*

2 Celui, celle, etc. *This one, that one,* etc.

	sing.	*plur.*
masc.	celui	ceux
fem.	celle	celles

This pronoun changes its form according to the gender and number of the noun and is always used in one of the following three ways:

(*a*) Together with a relative pronoun:

> Je n'aime pas celui qui se tient au coin. *I don't like the one standing in the corner.*
> Celle que tu m'as donnée est mouillée! *The one* (**la** serviette) *you've given me is wet!*

(*b*) Together with **de**:

> Quelle moto? — Celle d'Annick. *Which motor-bike? – Annick's.*
> Celui de Paul est plus foncé. *Paul's* (**le** pull) *is darker.*

(*c*) Together with **-ci, -là**:

> J'ai deux blousons. Préfères-tu celui-ci ou celui-là? *I've two bomber jackets. Do you prefer this one or that one?*
> Celui-ci est plus chic! *This one's more fashionable!*
> Quelle voiture? Celle-là. *Which car? That one (there).*

Relative pronouns

1 Qui, que

These pronouns always refer to a noun that has already been mentioned.

(*a*) **Qui** (*who, which, that*) links with a *subject*:

> Le speaker qui parle *The presenter who is speaking*
> La secrétaire qui écrit *The secretary who is writing*

(*b*) **Que,** or **qu'** before a vowel or mute 'h', (*whom, which, that*) links with an *object*:

La vedette que j'ai vue *The star (that) I saw*
Le sparadrap qu'elle avait acheté *The plaster (that) she had bought*

2   Dont *Whose, of whom, of which*

Examples:

Le garçon dont le nez est cassé *The boy whose nose is broken*
La personne dont j'ai oublié le nom *The person whose name I've forgotten*
Un événement dont j'ai oublié les détails *An event of which I've forgotten the details*

(a)   Note the expressions **La façon dont**/**La manière dont** (*The way in which*):

La façon dont elle a agi *The way in which she acted*
La manière dont il parle *The way in which he talks*

(b)   **Dont** can never start a question. **A qui** is used instead:

À qui est cette carte bleue? *Whose is this* carte bleue?

3   Ce qui, ce que, ce dont *What, which, that which*
These forms refer to an idea already mentioned:

(a)   **Ce qui** refers to a *subject*:

Ce qui est certain, c'est que. . . *What's certain is . . .*

(b)   **Ce que** refers to an object:

Ce que je n'aime pas, c'est. . . *What I don't like is . . .*

(c)   **Ce dont** relates to 'of', 'about':

Ce dont tu as parlé nous intéresse *What you (have) talked about interests us*

Indefinite pronouns and adjectives

1   Quelqu'un *Someone, somebody*
Note that the **un** does not change to **une**, even though the someone referred to may prove to be feminine. Note also the expression **quelqu'un de** + adjective.
Examples:

Quelqu'un a téléphoné pour vous. *Someone has telephoned for you.*
Elle est quelqu'un **de** très intelligent. *She's someone very intelligent.*

2   Quelque chose *Something*

Donne quelque chose au musicien! *Give the busker something!*

Note the expression **quelque chose de** + adjective:

Ça, c'est quelque chose **de** superbe! *That's something superb!*

3 Quelque, quelques *Some, a few*
Quelque works as an adjective, adding an 's' with plural nouns:

Il a quelques ennemis. *He has some enemies.*

4 Quelques-un(e)s *Some, a few*
Quelques-un(e)s is a pronoun and takes the place of a noun:

Quelques-uns des acteurs ont participé. *Some of the actors took part.*
J'en ai vu quelques-unes. *I saw some of them.* (= les victimes, *f.*)

5 Chacun (e) *Each (one), every (one)*
This pronoun works in a similar way to **quelques-un(e)s**:

Chacun de nous le sait. *Each one of us knows it.*

5 Plusieurs *Several*
This is a plural pronoun which always has the same form:

J'en ai vu plusieurs. *I've seen several of them.*
Plusieurs de mes connaissances l'ont refusé. *Several of my acquaintances refused it.*

Possessive pronouns (mine, yours, etc.)

These pronouns stand on their own and agree with the noun whose place they take, not with the possessor.

	masc. sing.	*fem. sing.*	*masc. pl.*	*fem. pl.*
mine	le mien	la mienne	les miens	les miennes
yours	le tien	la tienne	les tiens	les tiennes
his/hers/ its	le sien	la sienne	les siens	les siennes
ours	le nôtre	la nôtre	les nôtres	les nôtres
yours	le vôtre	la vôtre	les vôtres	les vôtres
theirs	le leur	la leur	les leurs	les leurs

Examples:

C'est à qui, la clé?—C'est la mienne. *Whose key is it? It's mine.*
Les nôtres sont très faibles. *Ours are very weak.*
Je préfère mon appartement au sien. *I prefer my flat to hers (or his).*

Verbs – the present tense

The present tense expresses the idea of present time, of things happening *now*. English may put it in several ways, but French only has one form for the present:

Je refuse. *I refuse/I am refusing/I do refuse.*

1 Regular verbs

There are three basic types (or families) of regular verbs:

	-er type **refuser**	**-ir** type **remplir**	**-re** type **attendre**
je	refuse	remplis	attends
tu	refuses	remplis	attends
elle/il	refuse	remplit	attend
nous	refusons	remplissons	attendons
vous	refusez	remplissez	attendez
elles/ils	refusent	remplissent	attendent

Examples:

Je refuse l'offre. *I am refusing the offer.*
Il remplit son verre. *He's filling her glass.*
D'habitude nous attendons à l'arrêt. *Normally, we wait at the stop.*

2 Irregular verbs

	avoir *to have*	**être** *to be*	**aller** *to go*	**s'asseoir** *to sit down*
je/j'	ai	suis	vais	m' assieds
tu	as	es	vas	t' assieds
elle/il	a	est	va	s' assied
nous	avons	sommes	allons	nous asseyons
vous	avez	êtes	allez	vous asseyez
elles/ils	ont	sont	vont	s' asseyent

	battre *to beat*	**boire** *to drink*	**conduire** *to drive/lead*	**connaître** *to know (person, place)*
je	bats	bois	conduis	connais
tu	bats	bois	conduis	connais
elle/il	bat	boit	conduit	connaît
nous	battons	buvons	conduisons	connaissons
vous	battez	buvez	conduisez	connaissez
elles/ils	battent	boivent	conduisent	connaissent

	courir *to run*	**craindre** *to fear*	**croire** *to believe/think*	
je	cours	crains	crois
tu	cours	crains	crois
elle/il	court	craint	croit
nous	courons	craignons	croyons
vous	courez	craignez	croyez
elles/ils	courent	craignent	croient

	cueillir *to gather*	**devoir** *to owe/have to*	**dire** *to say/tell*	**dormir** *to sleep*
je	cueille	dois	dis	dors
tu	cueilles	dois	dis	dors
elle/il	cueille	doit	dit	dort
nous	cueillons	devons	disons	dormons
vous	cueillez	devez	dites	dormez
elles/ils	cueillent	doivent	disent	dorment

	écrire *to write*	**faire** *to do/make*
je/j'	écris	fais
tu	écris	fais
elle/il	écrit	fait
nous	écrivons	faisons
vous	écrivez	faites
elles/ils	écrivent	font

	lire *to read*	**mettre** *to put*	**mourir** *to die*	**naître** *to be born*
je	lis	mets	meurs	nais
tu	lis	mets	meurs	nais
elle/il	lit	met	meurt	naît
nous	lisons	mettons	mourons	naissons
vous	lisez	mettez	mourez	naissez
elles/ils	lisent	mettent	meurent	naissent

	ouvrir *to open*	**partir** *to depart*	**plaire** *to please*
je/j'	ouvre	pars	plais
tu	ouvres	pars	plais
elle/il	ouvre	part	plaît
nous	ouvrons	partons	plaisons
vous	ouvrez	partez	plaisez
elles/ils	ouvrent	partent	plaisent

	pouvoir	**prendre**	**recevoir**	**rire**
	to be able	*to take*	*to receive*	*to laugh*
je	peux (puis-je?)	prends	reçois	ris
tu	peux	prends	reçois	ris
elle/il	peut	prend	reçoit	rit
nous	pouvons	prenons	recevons	rions
vous	pouvez	prenez	recevez	riez
elles/ils	peuvent	prennent	reçoivent	rient

	rompre	**savoir**	**sentir**	**servir**
	to break	*to know (facts)*	*to feel/smell*	*to serve*
je	romps	sais	sens	sers
tu	romps	sais	sens	sers
elle/il	rompt	sait	sent	sert
nous	rompons	savons	sentons	servons
vous	rompez	savez	sentez	servez
elles/ils	rompent	savent	sentent	servent

	sortir	**suivre**
	to go/come out	*to follow*
je	sors	suis
tu	sors	suis
elle/il	sort	suit
nous	sortons	suivons
vous	sortez	suivez
elles/ils	sortent	suivent

	tenir	**venir**
	to hold	*to come*
je	tiens	viens
tu	tiens	viens
elle/il	tient	vient
nous	tenons	venons
vous	tenez	venez
elles/ils	tiennent	viennent

	vivre	**voir**	**vouloir**
	to live	*to see*	*to wish/want*
je	vis	vois	veux
tu	vis	vois	veux
elle/il	vit	voit	veut
nous	vivons	voyons	voulons
vous	vivez	voyez	voulez
elles/ils	vivent	voient	veulent

falloir	**pleuvoir**
to be necessary	*to rain*
Il faut	Il pleut

The following verbs have their own slight irregularities:

	acheter *to buy*	**appeler** *to call*	**espérer** *to hope*
je/j'	achète	appelle	espère
tu	achètes	appelles	espères
elle/il	achète	appelle	espère
nous	achetons	appelons	espérons
vous	achetez	appelez	espérez
elles/ils	achètent	appellent	espèrent

	essayer *to try*	**jeter** *to throw*	**lever** *to raise*
je/j	essaie *or* essaye	jette	lève
tu	essaies/essayes	jettes	lèves
elle/il	essaie/essaye	jette	lève
nous	essayons/essayons	jetons	levons
vous	essayez/essayez	jetez	levez
elles/ils	essaient/essayent	jettent	lèvent

	mener *to lead*	**préférer** *to prefer*	**répéter** *to repeat*
je	mène	préfère	répète
tu	mènes	préfères	répètes
elle/il	mène	préfère	répète
nous	menons	préférons	répétons
vous	menez	préférez	répétez
elles/ils	mènent	préfèrent	répètent

	essuyer *to wipe*	**payer** *to pay*	**nettoyer** *to clean*
je/j'	essuie	paie *or* paye	nettoie
tu	essuies	paies/payes	nettoies
elle/il	essuie	paie/paye	nettoie
nous	essuyons	payons/payons	nettoyons
vous	essuyez	payez/payez	nettoyez
elles/ils	essuient	paient/payent	nettoient

The imperfect tense

1　In order to form the imperfect tense, take the **nous** form of the present tense: **acceptons (-er)**, **saisissons (-ir) rendons (-re)**, cut off the **-ons** to produce the stem: **accept-**, **saisiss-**, **rend-**, and add the endings **-ais**, **-ais**, **ait**, **-ions**, **-iez**, **-aient**:

je/j'	accept**ais**	saisiss**ais**	rend**ais**
tu	accept**ais**	saisiss**ais**	rend**ais**
elle/il	accept**ait**	saisiss**ait**	rend**ait**
nous	accept**ions**	saisiss**ions**	rend**ions**
vous	accept**iez**	saisiss**iez**	rend**iez**
elles/ils	accept**aient**	saisiss**aient**	rend**aient**

Irregular verbs follow exactly the same pattern:

nous **av**ons — **av-** — j'**av**ais
nous **fais**ons — **fais-** — elle **fais**ait.

Être is the only exception. Its imperfect stem is **ét-**:

j'étais, tu étais, elle était,
nous étions, vous étiez, ils étaient

Points to note:

(*a*)　**Falloir** and **pleuvoir** have no **nous** form. Their imperfect forms are **il fallait** and **il pleuvait.**

(*b*)　Before an imperfect ending beginning with **-a**, if the last letter of the imperfect stem is a **c** or **g**, it is softened:

je commençais, elles mangeaient, tu nageais

2　The imperfect is used as follows:

(*a*)　To give the idea of an *Incomplete* action in the past:
Je composais le numéro, quand l'appareil est tombé en panne. *I was dialling the number, when the machine broke down.*

(*b*)　To show that a past action was regular or a habit:

Je lui téléphonais chaque semaine. *I used to telephone him/her every week.*

(*c*)　To give an idea of description or of a state in the past:

C'était un paysage triste. *It was a sad landscape.*
Ils étaient déçus. *They were disappointed.*
Elle portait un anorak pourpre. *She was wearing a purple anorak.*

The perfect tense

1 *Verbs using* **avoir**

Most verbs form the perfect tense with the present tense of **avoir** and their own past participle:

j'ai téléphoné	j'ai fini	j'ai tendu [le papier]
tu as téléphoné	tu as fini	tu as tendu
elle/il a téléphoné	elle/il a fini	elle/il a tendu
nous avons téléphoné	nous avons fini	nous avons tendu
vous avez téléphoné	vous avez fini	vous avez tendu
elles/ils ont téléphoné	elles/ils ont fini	elles/ils ont tendu
I (have) telephoned, etc.	*I (have) finished, etc.*	*I (have) held out* [*the paper*], *etc.*

2 *Irregular past participles*

Quite a few common verbs using **avoir** have an irregular past participle, e.g.

j'ai bu *I drank, I have drunk* nous avons bu *we drank, have drunk*
tu as bu *you drank, you have drunk* vous avez bu *you drank, have drunk*
elle/il a bu *(s)he drank, has drunk* elles/ils ont bu *they drank, have drunk*.

3 *Verbs using* **être**

Thirteen very common verbs and their compounds use the present tense of **être** and their own past participle, e.g.

je suis allé(e)	nous sommes allé(e)(s)
tu es allé(e)	vous êtes allé(e)(s)
elle est allée	elles sont allées
il est allé	ils sont allés

Note that it is only the past participle which is irregular; the **être** part of the tense works normally.

These verbs (mostly best remembered in pairs) are:

aller *to go*: je suis allé(e), etc.
venir *to come*: je suis venu(e), etc.

entrer *to go in*: je suis entré(e)
sortir *to go out*: je suis sorti(e)

arriver *to arrive*: je suis arrivé(e)
partir *to leave*: je suis parti(e)

descendre *to go down*: je suis descendu(e)
monter *to go up*: je suis monté(e)

rester *to stay*: je suis resté(e)
retourner *to go back*: je suis retourné(e)

naître *to be born*: je suis né(e)
mourir *to die*: je suis mort(e)

tomber *to fall*: je suis tombé(e)

The three most common compound verbs using **être** are:

rentrer *to go, come home*: je suis rentré(e), etc.
revenir *to come back*: je suis revenu(e)
devenir *to become*: je suis devenu(e)

4   *Reflexive verbs*

If a verb is reflexive, it must form the perfect with **être**:

je me suis lavé(e) *I (have) washed*

tu t'es reposé(e) *you (have) had a rest*

elle s'est réveillé(e) *she (has) woke(n) up*

il s'est levé *he (has) got up*

nous nous sommes disputé(e)s *we (have) had an argument*

vous vous êtes recontré(e)s *you (have) met*

elles se sont arrêtées *they (have) stopped*

ils se sont habillés *they (have) got dressed*

5   *When to use the perfect tense*

The perfect tense in French is the equivalent of the basic past in English. In English, we can express this basic past in two ways – the 'simple, past and the 'have/has' past. In French there is only one perfect tense:

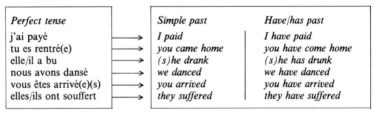

French	**English**	
Perfect tense	*Simple past*	*Have/has past*
j'ai payé ⟶	*I paid*	*I have paid*
tu es rentré(e) ⟶	*you came home*	*you have come home*
elle/il a bu ⟶	*(s)he drank*	*(s)he has drunk*
nous avons dansé ⟶	*we danced*	*we have danced*
vous êtes arrivé(e)(s) ⟶	*you arrived*	*you have arrived*
elles/ils ont souffert ⟶	*they suffered*	*they have suffered*

6   Note the following points when using the perfect tense:

(*a*)   With **avoir** verbs, the past participle agrees with a preceding direct object, e.g.

Quels fruits de mer as-tu essayé**s**? *What sea-food did you try?*
Où sont les jumelles?—Je les ai rangé**es**. *Where are the binoculars?—I've tidied them away.*
C'est la femme que tu as remarqué**e**. *It's the woman you noticed.*

The past participle does *not* agree with a preceding **en**:

Nous en avons aperçu trois. *We spotted three (of them)*.

(*b*) The past participle of an **être** verb agrees with the subject, as if it were an adjective:

Elle est sortie du bloc sanitaire. *She came out of the shower-block*.

(*c*) With reflexive verbs, the past participle agrees, if the reflexive pronoun is a *direct* object (which is mostly the case), e.g.

Elle s'est lavée. *She washed (herself)*.

but   Elle s'est lavé les mains. *She washed her hands. (indirect object)*

The near or immediate future

Je vais + infinitive is used for *I am going to . . .* As in English, this tense is used when an action will take place very shortly:

je vais téléphoner *I am going to telephone*	nous allons boire *we are going to drink*
tu vas écrire *you are going to write*	vous allez dormir *you are going to sleep*
elle/il va partir *(s)he is going to leave*	elles/ils vont disparaître *they are going to disappear*

The future tense

1   With most verbs the future tense is formed by adding the present tense endings of **avoir** to what is basically the infinitive of the verb. (With **-re** verbs, the final **-e** of the Infinitive is dropped.)

	passer	**finir**	**vendre**
je	passerai	finirai	vendrai
tu	passeras	finiras	vendras
elle/il	passera	finira	vendra
nous	passerons	finirons	vendrons
vous	passerez	finirez	vendrez
elles/ils	passeront	finiront	vendront
	I shall/will call round, etc.	*I shall/will finish, etc.*	*I shall/will sell, etc.*

2   *Irregular futures*

Some common verbs have an irregular future stem. This does not affect the endings, which are always the present tense endings of **avoir**. Examples:

Je ferai de mon mieux. *I shall do my best*.

Nous t'enverrons la recette. *We'll send you the recipe*.

The pluperfect tense

This tense is similar to the perfect in the way it is built up. The information it gives is one stage further back in the past than the perfect: **I have** seen → **I had** seen.

As in English, the tense of the auxiliary verb (**avoir**/**être**) is changed to the imperfect, in order to give the sense of more distant past:

j'avais essayé	j'étais arrivé(e)
tu avais essayé	tu étais arrivé(e)
elle/il avait essayé	elle/il était arrivé(e)
nous avions essayé	nous étions arrivé(e)s
vous aviez essayé	vous étiez arrivé(e)(s)
elles/ils avaient essayé	elles/ils étaient arrivé(e)(s)
I had tried, etc.	*I had arrived, etc.*

Note that if you know the perfect tense of a verb, you can form the pluperfect easily by changing the tense of the **avoir**/**être** part. Examples:

perfect	*pluperfect*
J'**ai** promis.	J'**avais** promis. (*I had promised*)
Elle **a** fait de l'auto-stop.	Elle **avait** fait de l'autostop. (*She had been hitch-hiking.*)

The past historic tense

This is an artificial tense. It is the equivalent of the perfect and is only found in books and in some newspaper and magazine articles with a literary flavour to them. You only need it for recognition in books, etc., and should never try to speak it.

There are three basic types:

-ai type (**-er** verbs)		**-is** type (**-ir** verbs)	
je pénétrai	nous pénétrâmes	je finis	nous finîmes
tu pénétras	vous pénétrâtes	tu finis	vous finîtes
elle/il pénétra	elles/ils pénétrèrent	elle/il finit	elles/ils finirent

-us type	
je fus *I was*	nous fûmes
tu fus	vous fûtes
elle/il fut	elles/ils furent

The **-ai** and **-is** types add endings to the stem of the infinitive. With the **-us** type, the stem can be very irregular, e.g. **j'eus** *I had*; **elle lut** *she read*; **ils se turent** *they fell silent*.

The conditional tense

This tense is often called the *future in the past*. In English, we use 'would' and 'should' to convey this idea, e.g. 'I would play'. In French, the future stem of the verb + the imperfect endings are used:

Person	Future stem	Imperfect ending	
je	jouer	ais	*I would/should play*
tu	applaudir	ais	*you would/should applaud*
elle	tendr	ait	*she would/should hold out*
il	pourr	ait	*he would/should be able to*
nous	craindr	ions	*we would/should fear*
vous	appeller	iez	*you would/should call*
elles	tiendr	aient	*they would/should hold*
ils	fer	aient	*they would/should do*

Note that:

(a) You can always find the conditional tense of a verb from its future stem + the imperfect endings. There are no exceptions.

(b) The English 'would' can sometimes be deceptive, e.g. 'On August 15th, she would go to the fair at Sainte-Foy.' Here, 'would' = 'used to', so the imperfect must be used:

Le quinze août elle **allait** à la foire à Sainte-Foy.

Venir de. . . *To have just . . .*

Venir de is used as follows:

I have just replied to the letter. Je **viens de** répondre à la lettre.
She had just opened the bottle. Elle **venait d'**ouvrir la bouteille.

English	but	French
perfect tense		present tense
pluperfect tense		imperfect tense

Depuis

Depuis is used as follows:

How long have you been in France? Depuis quand **êtes**-vous en France?
He has been working for half an hour. Il **travaille** depuis une demi-heure.
She had been sleeping since midnight. Elle **dormait** depuis minuit.

English	but	French
perfect tense		present tense
pluperfect tense		imperfect tense

The imperative

The imperative is the command form of the verb. In French, use the appropriate form of the present tense verb without the subject pronoun:

tu finis — finis! (Finis de parler!)
nous offrons — offrons! (Offrons ce cadeau!)
vous remplissez! — remplissez! (Remplissez le verre!)

Note that:

(a) The **tu** form of **-er** verbs drops the **-s**:

Reste dans la voiture! *Stay in the car!*

(b) Three common verbs with their own imperative forms need to be learnt:

avoir —	aie!	ayez!	ayons!	(*have!, let's have!*)
être —	sois!	soyez!	soyons!	(*be!, let's be!*)
savoir —	sache!	sachez!	sachons!	(*know!, let's know!*)

(c) If you use an object pronoun with a positive command, you must use a hyphen to separate them:

Fais-le! *Do it!*   Laisse-moi voir! *Let me see!*
                    Prends-en! *Take some!*

(d) With a negative command, the object pronoun comes before the verb and the hyphen is dropped:

Ne vous en faites pas! *Don't worry about it!*
Ne lui en parlez pas! *Don't talk to him about it!*
N'y allons pas! *Let's not go there!*

(e) If there is more than one object pronoun with a positive command, they usually follow the order: **Donnez-le-lui!** *Give it (to) her!*

If the command is negative, then they follow the usual set order (see p. 138):
Ne leur en donnons pas! *Let's not give them any of it!*

The present participle

This is the '-ing' form of the verb. To form it in French, cut off the **-ons** from the present tense **nous** form of the verb and add **-ant**:

roulons — roulant (*rolling, travelling*)
saisissons — saisissant (*grabbing*)
rendons — rendant (*giving back*)
mangeons — mangeant (*eating*)

Note these three exceptions:

avoir — ayant (*having*)
être — étant (*being*)
savoir — sachant (*knowing*)

The present participle is used:

(*a*) Standing on its own:

Il se tenait là, fumant. *He stood there, smoking.*

(*b*) To translate 'by/in/on/while doing':

En travaillant, on peut y arriver! *By working, we (one) can get there!*
En entrant, elles sont tombées. *On entering, they fell.*

(*c*) With verbs of movement:

Elle est descendue en courant. *She came down, running.*
Le manifestant est sorti de la cellule, en boitant. *The demonstrator came
limping out of the cell.*

(*d*) After **tout en**:

Tout en réfléchissant, il a laissé tomber le porte-clés. *While thinking, he
dropped the key-ring.*

Linking infinitives

Sometimes two or more verbs need to be linked, e.g. I like to sing, she hopes to
come, they dare not speak.

In French, the second (and even a further) verb may simply be in the
infinitive, as in the English examples, or the verbs may be linked by **à** or **de**:

Je dois partir. *I have to leave.*
Il commence à pleuvoir. *It is starting to rain.*
Elle a promis de venir. *She has promised to come.*

1 Verbs linked straight to the infinitive:

aimer	*to like, love*	laisser	*to leave, let*
aimer mieux	*to prefer*	oser	*to dare*
aller	*to go*	pouvoir	*to be able to*
désirer	*to desire, want*		(= can)
		préférer	*to prefer*
détester	*to hate*	savoir	*to know how to*
devoir	*to have to*	sembler	*to seem*
espérer	*to hope*	valoir mieux	*to be better*
faire	*to make*	vouloir	*to want, wish*
falloir	*to be necessary*		

2   Verbs linked by **à**:

aider à	*to help to*	commencer à	*to start to*
s'attendre à	*to expect to*	continuer à	*to continue to*
avoir à	*to have to*	se décider à	*to decide to*
chercher à	*to seek to*	hésiter à	*to hesitate to*
inviter à	*to invite to*	réussir à	*to succeed in*
se mettre à	*to start to*	tarder à	*to be slow to*
passer le temps à	*to spend time (doing)*		

3   Verbs linked by **de**:

s'arrêter de	*to stop*	offrir de	*to offer to*
cesser de	*to stop*	oublier de	*to forget to*
continuer de	*to carry on*	promettre de	*to promise to*
décider de	*to decide to*	refuser de	*to refuse to*
essayer de	*to try to*	regretter de	*to regret*
finir de	*to finish*		

4   The following verbs of movement or of the senses also have a straight link:

aller	*to go (and)*	voir	*to see*
entendre	*to hear*	venir	*to come (and)*
envoyer	*to send*		

5   À + person (or animal) + **de** + the infinitive.
These verbs are linked to the infinitive by **de**, but also use **à** to link with the object:

demander à . . . de . . .	*to ask . . . to . . .*
défendre à . . . de . . .	*to forbid . . to . . .*
dire à . . . de . . .	*to tell . . . to . . .*
permettre à . . . de . . .	*to permit . . . to . . .*
persuader à . . . de . . .	*to persuade . . . to . . .*
promettre à . . . de . . .	*to promise . . . to . . .*

Examples:

> Elle lui a défendu d'entrer. *She forbade him to enter.*
>
> Demande à ta mère de passer me prendre. *Ask your mother to come and collect me.*
>
> Persuade à ton père de payer ton vol! *Persuade your father to pay (for) your flight!*
>
> J'ai dit à mon frère de te téléphoner. *I've told my brother to phone you.*

Negatives

1 **Ne . . . pas** is the French equivalent of the English 'not', used with a subject and verb. It is used as follows:

(*a*)   With the verb only, **ne . . . pas** surrounds the verb:

Il n'écrit pas très souvent. *He doesn't write very often.*
Je n'ai pas reçu ta carte. *I haven't received your card.*

(*b*)   Object pronouns come between the **ne** and the verb:

Elle ne l'a pas reçue (la carte). *She hasn't received it.*
Ne l'oublie pas! *Don't forget it!*

(*c*)   In an ordinary interrogative, the **ne . . . pas** surrounds all pronouns:

N'en buvez-vous pas? *Don't you drink any of it?*
Ne te lèves-tu pas avant sept heures? *Don't you get up before seven?*

2 *Other negatives*

In general, other negatives follow the same pattern as **ne . . . pas**. They all have two parts, the first of which is **ne**:

ne . . . aucun	*not any, no*	ne . . . nulle part	*nowhere*
ne . . . guère	*hardly*	ne . . . ni . . . ni	*neither . . .*
ne . . . jamais	*never*		*nor*
ne . . . personne	*nobody, no one*	ne . . . que	*only*
ne . . . plus	*no more, no longer, not any more*	ne . . . rien	*nothing, not anything*
ne . . . nul(le)	*not any, no*		

Examples:

Elle ne me parle jamais de ses problèmes. *She never talks to me about her problems.*
Je n'ai rien. *I have nothing.*
Il ne lui parle plus. *He doesn't speak to her any more.*
Je n'ai vu personne. *I saw no one.*
Ni Aline ni Gil n'a participé. *Neither Aline nor Gil took part.*

Numbers

0	**zéro**	**10**	**dix**	**20**	**vingt**
1	un (une)	11	onze	21	vingt et un
2	deux	12	douze	22	vingt-deux
3	trois	13	treize	23	vingt-trois
4	quatre	14	quatorze	24	vingt-quatre
5	cinq	15	quinze	25	vingt-cinq
6	six	16	seize	26	vingt-six
7	sept	17	dix-sept	27	vingt-sept
8	huit	18	dix-huit	28	vingt-huit
9	neuf	19	dix-neuf	29	vingt-neuf

30	**trente**	**40**	**quarante**	**50**	**cinquante**
31	trente et un	41	quarante et un	51	cinquante et un
32	trente-deux	42	quarante-deux	52	cinquante-deux
33	trente-trois	43	quarante-trois	53	cinquante-trois
34	trente-quatre	44	quarante-quatre	54	cinquante-quatre
35	trente-cinq	45	quarante-cinq	55	cinquante-cinq
36	trente-six	46	quarante-six	56	cinquante-six
37	trente-sept	47	quarante-sept	57	cinquante-sept
38	trente-huit	48	quarante-huit	58	cinquante-huit
39	trente-neuf	49	quarante-neuf	59	cinquante-neuf

60	**soixante**	**70**	**soixante-dix**	**80**	**quatre-vingts**
61	soixante et un	71	soixante et onze	81	quatre-vingt-un
62	soixante-deux	72	soixante-douze	82	quatre-vingt-deux
63	soixante-trois	73	soixante-treize	83	quatre-vingt-trois
64	soixante-quatre	74	soixante-quatorze	84	quatre-vingt-quatre
65	soixante-cinq	75	soixante-quinze	85	quatre-vingt-cinq
66	soixante-six	76	soixante-seize	86	quatre-vingt-six
67	soixante-sept	77	soixante-dix-sept	87	quatre-vingt-sept
68	soixante-huit	78	soixante-dix-huit	88	quatre-vingt-huit
69	soixante-neuf	79	soixante-dix-neuf	89	quatre-vingt-neuf

90	**quatre-vingt-dix**
91	quatre-vingt-onze
92	quatre-vingt-douze
93	quatre-vingt-treize
94	quatre-vingt-quatorze
95	quatre-vingt-quinze
96	quatre-vingt-seize
97	quatre-vingt-dix-sept
98	quatre-vingt-dix-huit
99	quatre-vingt-dix-neuf

100   cent

100   onwards

101	cent un	201	deux cent un
102	cent deux (etc.)	1000	mille
110	cent dix (etc.)	1001	mille un
111	cent onze (etc.)	2000	deux mille
200	deux cents	1,000,000	un million (de)

Ordinal numbers: usually add **-ième**

1st	premier (première)	4th	quatrième (drop *e*)
2nd	second(e) *or* deuxième	5th	cinquième (add *u*)
3rd	troisième	6th	sixième

7th	septième	11th	onzième (etc. drop *e*)
8th	huitième	20th	vingtième
9th	neuvième (*f→ v*)	21st	vingt et unième
10th	dixième		

une douzaine de pommes	*a dozen apples*
une quinzaine de jours	*a fortnight*
une vingtaine d'hommes	*20 or so men*
des centaines de soldats	*hundreds of soldiers*
des milliers de voitures	*thousands of cars*

Time

Quelle heure est-il? } Il est quelle heure? }	*What time is it?*
Vous avez quelle heure?	*What time is it by you?*

Il est. . .	It is . . .
une heure	*one o'clock*
deux heures	*two o'clock*
trois heures cinq	*five past two*
quatre heures dix	*ten past four*
cinq heures et quart	*quarter past five*
six heures vingt-cinq	*twenty-five past six*
sept heures et demie	*half past seven*
sept heures quarante	*twenty to eight/seven forty*
huit heures moins vingt	
neuf heures moins le/un quart	*quarter to nine*
dix heures moins douze	*twelve minutes to ten*
onze heures précises	*exactly eleven*
midi	*12 noon, midday, 12 a.m.*
minuit	*midnight, 12 p.m.*
douze heures	*twelve o'clock*
midi vingt	*twenty past twelve*
minuit et demi	*half past twelve*
onze heures du matin	*11 a.m.*
trois heures de l'après-midi	*3 p.m.*

The continental clock

Add 12 hours to ordinary afternoon and evening times:

4 p.m. + 12 hrs = 16 (seize) heures.
7.20 p.m. + 12 hrs = 19 (dix-neuf) heures vingt.

Dates

To state a date in French, le + the ordinary number + the month is used:

> le trois mars *the third of March*   le vingt-neuf août *the twenty-ninth of August*

The one exception is the first of the month, where **premier** is used (*not* **un**):

> C'est le premier juin. *It's the first of June.*

The year

There are two ways of referring to a particular year:

> 1986 = mille neuf cent quatre-vingt-six *or*
> dix-neuf cent quatre-vingt-six

The passive voice

The verb is said to be in the passive when someone other than the subject does the action. The passive is formed by using **être** together with the past participle, which works like an adjective:

> *present*: La joueuse est blessée. *The player is injured.*
> *future*: Elle sera blessée. *She will be injured.*
> *perfect*: Elle a été blessée. *She has been injured.*
> *imperfect*: Elle était blessée. *She was injured. (description)*
> *pluperfect*: Elle avait été blessée. *She had been injured.*
> *near future*: Elle va être blessée. *She's going to be injured.*
> *past historic*: Elle fut blessée. *She was injured.*

Avoiding the passive

The passive is awkward to use, so the French frequently avoid it by using **on**:

> On a trouvé l'accidenté sur la chaussée. *The accident victim was found on the road.*
> On construit un sous-sol. *A basement is being built.*

After and Before

'After'/'before' + an action are expressed by **après avoir (être)** + past participle and **avant de** + infinitive in French. Examples:

> Après avoir pris le déjeuner, elle a repris le travail. *After eating lunch, she went back to work.*
> Après être partie, elle a eu des regrets. *After leaving, she had some regrets.*
> Après s'être lavés, ils ont mis du talc. *After washing, they put on some talc.*

> Avant de partir, il faut faire tous les préparatifs. *Before leaving, we should see to all the preparations.*
> Avant de répondre, elle va y réfléchir. *Before replying, she's going to think about it.*

FRENCH – ENGLISH VOCABULARY

This vocabulary list has been compiled specifically for the GCSE examination. Items with a dagger beside them may be required for the Higher Level only.

A

à *to, at*
d'abord *first (of all)*
abricot (m) *apricot*
†absent *absent*
†absolument *absolutely*
accès (m) *access, entry*
accent (m) *accent*
accepter *to accept*
†accident (m) *accident*
accompagner *to accompany, go with*
d'accord *OK, all right, agreed*
†accuser *to accuse*
acheter *to buy*
†actif *active*
†activité (f) *activity*
acteur (m) *actor*
actrice (f) *actress*
addition (f) *bill*
†adolescent *adolescent*
adorer *to adore*
adresse (f) *address*
adulte (m, f) *adult*
†affaires (f pl.) *business*
†affiche (f) *poster*
affreux *frightful*
âge (m) *age*
âgé *aged, . . . old*
agence (f) de voyages *travel agency;* —
    †immobilière *estate agent's*
agent (m) *agent;* — de police *policeman*
†agneau (m) *lamb*
agréable *pleasant*
†agricole *agricultural*
†agriculture (f) *agriculture*
aider *to help*
aimable *pleasant, likeable*
aimer *to like, love*
†aîné *eldest*
air (m): avoir l' — *to look (= to seem)*
alimentation (f) *groceries, food*
allemand *German*
l'Allemagne (f) *Germany*
aller *to go;* — chercher *to fetch;* — retour
    (m) *return ticket;* — simple (m) *single
    ticket*
†s'en aller *to go off, away*

allô! *hello! (phone)*
†allocation (f) *allowance, grant, benefit*
allumer *to light*
allumette (f) *match*
†ambiance (f) *atmosphere*
ambition (f) *ambition*
†ambulance (f) *ambulance*
†amélioration (f) *improvement*
†aménagé *fitted out, up*
†aménagement (m) *fitting out (house)*
†amende (f) *fine*
américain *American*
†ameublement *furnishing, furniture*
ami (m) *(male) friend*
amie (f) *(female) friend*
†amour (m) *love*
amusant *amusing, funny*
s'amuser *to enjoy o.s.*
an (m) *year*
ananas (m) *pineapple*
ancien *old, former*
anglais *English*
l'Angleterre (f) *England*
animal (m) *animal*
année (f) *year*
†annonce (f): †petite— *small ad*
†annuaire (m) *(phone) directory*
anorak (m) *anorak*
†appareil (photo) (m) *camera;* à l' —
    speaking (phone)
appartement (m) *flat*
appeler *to call*
s'appelèr *to be called*
†appétissant *appetising*
†appétit (m) *appetite;* †bon —! *enjoy
    your meal!*
†apporter *to bring*
†apprécier *to appreciate*
apprendre *to learn*
†s'approcher (de) *to approach*
†approuver *to approve*
appuyer *to lean*
après *after*
†après-demain *day after tomorrow*
après-midi (m) *afternoon*
arbre (m) *tree*

argent (m) *money;* — de poche *pocket money*

armoire (f) *cupboard*

arrêt (m) *stop*

s'arrêter *to stop*

†arrhes (f pl.) *deposit*

†arrière (en) *backwards*

arrivée (f) *arrival*

arriver *to arrive*

ascenseur (m) *lift*

†aspirateur (m) *hoover*

†aspirine (f) *aspirin*

s'asseoir *to sit down*

assez *enough; quite*

assiette (f) *plate*

assis *sitting*

†assurance (f) *insurance*

†assuré *insured*

†atelier (m) *workshop*

attendre *to wait*

attention! *careful!*

auberge (f) de jeunesse *youth hostel*

†aucun *none, no one*

†au-dessous *below*

†au-dessus *above*

†augmentation (f) *increase*

aujourd'hui *today*

aussi *also, too*

auto (f) *car*

autobus (m) *bus*

autocar (m) *coach*

†automatique *automatic*

automne (m) *autumn*

autoroute (f) *motorway*

†auto-stop (m) *hitch-hiking*

†autour de *around*

autre *other*

†autrefois *once, in the past*

†autrement dit *put another way*

†avance: en — *in advance*

avant *before*

†avant-hier *the day before yesterday*

avec *with;* — ça? *anything else?*

†avenir (m) *future*

avenue (f) *avenue*

†averse (f) *shower*

(par) avion (m) *(by) plane*

avis (m) *opinion; reminder*

avoir *to have*

B

bac(calauréat) (m) *A level*

†bac (m) à vaisselle *wash-basin, sink*

bagages (f pl.) *luggage*

baguette (f) *stick (loaf)*

se baigner *to bathe*

†baignoire (f) *bath (tub)*

bal (m) *dance*

†balayer *to sweep*

balcon (m) *balcony*

balle (f) *(small) ball*

†ballet (m) *ballet*

ballon (m) *(large) ball*

banane (f) *banana*

†bancaire (adj.) *bank*

banlieue (f) *suburbs*

banque (f) *bank*

bar (m) *bar*

bateau (m) *boat, ship*

bâtiment (m) *building*

†batterie (f) *battery*

†(en) bas *below, downstairs*

beau/belle *fine, handsome, beautiful*

beacoup *a lot, many;* † — de monde *a lot of people*

†beau-père (m) *father-in-law*

bébé (m) *baby*

†belle-mère (f) *mother-in-law*

besoin: avoir — de *to need*

bête (f) *animal*

bête (adj.) *stupid*

beurre (m) *butter*

†bibliothèque (f) *library*

bicyclette (f) *bicycle*

†bidet (m) *bidet*

bien *well;* — cuit *well cooked (done);* — sûr *of course*

bientôt *soon*

bienvenue (f) *welcome*

bière (f) *beer*

bifteck (m) *steak*

billet (m) *ticket;* † — de 10 fr. *10 fr. note*

biologie (f) *biology*

†bizarre *strange*

blanc (he) *white*

†blessé *wounded*

bleu *blue*

bloc (m) sanitaire *shower block*

blond *fair-haired*

†blouson (m) *bomber jacket*

bœuf (m) *beef*

bof! *huh!*

boire *to drink*
bois (m) *wood*
boisson (f) *drink*
boîte (f) *box, tin;* — à lettres *letter box*
bol (m) *bowl*
bon(ne) *good;* — anniversaire! *happy birthday!;* — appétit! *eat well!;* — voyage! *have a good journey!;* — weekend! *have a good weekend!*
bonne: Bonne Année! *Happy New Year!;* — chance! *good luck!;* — fête! *happy Saint's Day!;* — nuit! *good night!;* †à la — heure! *about time, too!*
bonbon (m) *sweet*
bonjour *good day*
bonsoir *good evening*
bord (m) *edge;* au — de la mer *at the seaside*
botte (f) *boot*
boucher (m) *butcher*
boulanger (m) *baker*
boulevard (m) *boulevard*
boum (f) *party*
†bout (m) *end;* au — de *at the end of*
bouteille (f) *bottle*
boutique (f) *(little) shop*
bouton (m) *button, pimple*
†bravo! *bravo!, well done!*
Bretagne (f) *Britanny*
breton *Breton*
†brevet (m) *(school-leaving) certificate*
†bricolage (m) *do-it-yourself*
britannique *British*
brochure (f) *brochure*
brosse (f) *brush;* — à dents *tooth brush*
se brosser *to brush o.s.*
brouillard (m) *fog*
bruit (m) *noise*
†se brûler (la main) *to burn (o.'s hand)*
†brume (f) *mist*
brun *brown*
†bruyant *noisy*
†budget (m) *budget*
buffet (m) *buffet; side-board*
bureau (m) *office;* — de change *money exchange;* — de poste *post office;* — de tabac *tobacconist's;* — de tourisme *tourist office;* — de renseignements *information office;* †— des objects trouvés *lost property office*
bus (m) *bus.*

C
ça (= cela) *that;* †— fait *that makes*
†cabine (f) téléphonique *phone booth*
†cabinet (m) *study; toilet*
cadeau (m) *present*
†cadet (te) *younger*
café (m) *café; coffee;* — crème (m) *coffee with cream;* †— tabac (m) *café tobacconist's*
cafetière (f) *coffee pot*
caisse (f) *cash desk*
calme (m) *calm, quiet*
camarade (m, f) *(school) friend*
†cambrioler *to burgle*
†cambrioleur (m) *burglar*
†camion (m) *lorry*
campagne (f) *country (side)*
camper *to camp*
campeur (m) *camper*
camping: faire du — *to go camping*
Canada (m) *Canada*
canadien(ne) *Canadian*
†canapé (m) *sofa, settee*
cantine (f) *canteen*
†capable *capable*
car (m) *coach*
†caractère (m) *character*
†carafe (f) *carafe, pitcher*
caravane (f) *caravan*
carnet (m) *notebook; book of tickets*
†carré *square; check*
†carrefour (m) *crossroads*
†carrière (f) *career*
carte (f) *card; map;* †— bancaire *bank card;* — postale *post card*
†cas (m) *case;* dans ce — *in that case;*
†casser *to break*
†se casser (la jambe, etc.) *to break (o.'s leg, etc.)*
casserole (f) *(sauce)pan*
cassette (f) *cassette*
cathédrale (f) *cathedral*
ça va *all right*
cave (f) *cellar*
ce *this/that*
ceci *this*
célèbre *famous*
†célibataire *single/bachelor*
centime (m) *centime*
centimètre (m) *centimetre*

centre (m) *centre;* — ville (m) *town centre;* — commercial *commercial centre*
†cependant *however*
†certain *certain*
certainement *certainly*
†certificat (m) *certificate*
CES. (Collège d'Enseignement Second-aire) *tecchnical college*
c'est *it (this) is;* — à-dire *that's to say*
chacun(e) *each*
chaîne stéréo (f) *stereo system*
chambre (f) *bedroom;* — avec un lit *single (bed)room;* — avec douche *room with a shower;* — avec salle de bains *room with a ba:hroom;* — de famille *family bedroom;* — de libre *vacant room;* — pour une personne *single room;* — pour deux personnes *double room*
champ (m) *field*
†champignon (m) *mushroom*
champion (ne) (m, f) *champion*
championnat (m) *championship*
chance: bonne –! *good luck!*
changer *to change*
chanson (f) *song*
chanteur (m) *singer*
chanteuse (f) *singer*
chapeau (m) *hat*
chaque *each*
charcuterie (f) *pork-butcher's; delicat-essen*
charmant *charming*
chat (m) *cat*
château (m) *castle*
chaud *hot, warm*
chauffage central (m) *central heating*
†chauffeur (m) *driver*
†chaussée (f) *roadway*
chaussette (f) *sock*
chaussure (f) *shoe*
†chef (m) *chief; chef*
†chemin (m) *road, way;* † — de fer *railway*
chemise (f) *shirt*
†chemisier (m) *blouse*
chèque (m) *cheque;* — de voyage *traveller's cheque*
cher (chère) *dear, expensive*
chercher *to seek, search for*
cheval (m) *horse*
cheveux (m pl.) *hair*
chez moi *to at my home (place)*

chien (m) *dog*
chimie (f) *chemistry*
†chips (f pl.) *crisps*
chocolat (m) *chocolate*
†choix (m) *choice*
†chômage (m) *unemployment*
†chômeur (euse) *unemployed person*
chose (f) *thing*
†chou (m) *cabbage*
†chou-fleur (m) *cauliflower*
chouette! *nice! smashing!*
cidre (m) *cider*
†ciel (m) *heaven*
cinéma (m) *cinema*
†circuler *to move (on) (of traffic)*
citron (m) *lemon*
†clair *light, clear*
classe (f) *class*
classique *classical*
clé (f) *key*
clef (f) *key*
climat (m) *climate*
†clinique (f) *clinic*
club (m) *club*
coca-cola (m) *coca-cola*
cochon (m) *pig*
†code (m) de la route *highway code*
code postal *post-code*
†cœur (m) *heart*
†coffre (m) *boot*
†coiffeur (m) *(male) hairdresser*
†coiffeuse (f) *(female) hairdresser*
coin (m) *corner*
colis (m) *package, parcel*
collant (m) *tights*
†collection (f) *collection*
collège (m) *college*
collègue (m, f) *colleague*
coller *to stick, paste;* † — un élève, *to put a pupil in detention*
†collision (f) *collision, crash*
combien *how much, how many*
†commander *to order*
comme *like*
commencer *to begin, start*
comment *how*
†commerçant (e) *shopkeeper, tradesman -woman*
commerce (m) *business*
commissariat (m) *police station*
compartiment (m) *compartment*
complet *full, complete*

†compliments (m pl.) *compliments*
composer *to dial*
†composter *to date-stamp, punch (ticket)*
comprendre *to understand*
†comprime (m) *tablet*
compris *included;* service — *(service) tip included*
compte (m) *account*
†compter *to count*
concert (m) *concert*
†concierge (m, f) *caretaker*
conduire *to drive*
confiture (f) *jam*
confort (m) *comfort*
†congé (m) *leave, day off, holiday*
congélateur (m) *freezer*
connaître *to know (person, animal, place)*
content *pleased, contended*
contraire: au — *on the contrary*
†contre *against*
†conseiller *to advise*
†consigne (f) *left-luggage;* † —automatique *left-luggage lockers*
†constat (m) *report (accident)*
†consulat (m) *consulate*
†contacter *to contact, get in touch with*
copain (m) *friend, mate*
copine (f) *friend, mate*
correct *correct*
correspondence (f) *connection; exchange of mail*
correspondant(e) *pen-friend*
†cordonnerie (f) *shoe repairer's*
côte (f) *coast*
côté (m) *side;* à — de *by the side of, next to*
†coton (m) *cotton;* † — hydrophile *cotton wool*
se coucher *to go to bed*
†couchette (f) *couchette*
couleur (f) *colour*
†coup (m): — de main *helping hand;* † — de soleil *sun-stroke;* † —de téléphone *phone call*
†se couper (le doigt) *to cut o.'s finger*
cour (f) *(school) yard*
couramment *fluently*
courir *to run*
†courrier (m) *mail (= post delivered)*
cours (m) *course; (series of) lesson (s);* † —commerciaux (m pl.) *business course*
court *short* †à—d'argent *short of money*

cousin(e) *cousin*
couteau (m) *knife*
coûter *to cost*
couvert *covered*
couvert (m) *(set) place at table; restaurant cover charge*
couverture (f) *blanket*
cravate (f) *tie*
crayon (m) *pencil*
†crédit (m) *credit*
†crème (f) *cream;* un — *coffee with cream*
crèmerie (f) *dairy*
crêpe (f) *pancake*
†crevé *punctured; very tired*
cricket (m) *cricket*
crier *to shout*
†crise (f) de cœur *heaart attack*
†critique *critical*
†critiquer *to criticise*
croire *to believe, think*
croissant (m) *croissant*
crudités (f pl.) *raw vegetable salad*
cuiller (f) *spoon;* † —à café *coffee spoon*
cuillère (f) *spoon (alt. spelling)*
†cuillerée (f) *spoonful*
cuir (m) *leather*
cuisine (f) *kitchen; cooking*
cuisinière (f) *cook; cooker*
cyclisme (m) *cycling*
cycliste (m, f) *cyclist*

D

†dactylo (f) *typist*
dame (f) *lady*
dangereux *dangerous*
dans *in(to)*
danser *to dance*
date (f) *date*
de *of; from*
débarrasser *to clear*
debout *standing*
†déchiré *torn*
déclarer *to declare*
†décorateur (m) *decorator*
†décrire *to describe*
†décrocher (le combiné) *to pick up (the receiver)*
déçu *disappointed*

†dedans *inside*
†défendu (de), †défense (de) *forbidden, not allowed (to)*
†dégoûtant *disgusting*
degré (m) *degree*
†dehors *outside*
déjà *already*
déjeuner (m) *lunch, to have lunch*
délicieux *delicious*
demain *tomorrow*
demander *to ask (for)*
demeurer *to stay, live*
demi *half*
†déménager *to move house (premises)*
dent (f) *tooth*
dentifrice (m) *toothpaste*
dentiste (m,f) *dentist*
†déodorant (m) *deodorant*
départ (m) *departure*
†département (m) *department; (approx.) county*
†dépasser *to pass*
†se dépêcher *to hurry*
†dépendre *to depend*
ça dépend *that depends*
†dépense (f) *spending*
†dépenser *to spend*
†déposer *to put down*
dépôt (m) de butane *(bottled) gas depot*
depuis *since*
†déranger *to disturb*
dernier *last*
derrière *behind*
†désapprouver *to disapprove*
descendre *to come down, go down*
†description (f) *description*
se déshabiller *to undress*
désirer *to desire, want*
désolé *sorry*
dessert (m) *dessert/pudding*
dessin (m) *drawing; design; —animé cartoon*
†dessous *under*
†dessus *above*
†destination (f) *destination*
†détail (m) *detail*
détester *to hate*
deux *two*
deuxième *second*
†deux-temps *two-stroke*
devant *in front (of)*

†devenir *to become*
déviation (f) *detour, diversion*
†devoir (m) *duty;—(m pl.) homework*
d'habitude *usually*
†diarrhée (f) *diarrhoea*
différence (f) *difference*
différent *different*
difficile *difficult*
dîner *to have an evening meal*
dîner (m) *dinner (= the evening meal)*
†diplôme (m) *diploma*
dire *to say*
se dire *to say to o. s.*
direct *direct, no changes*
directeur (m) *director; head teacher*
direction (f) *direction*
directrice (f) *director; head teacher*
discothèque (f) *discotheque*
†discuter *to discuss; argue*
disque (m) *record*
distance (f) *distance*
distration (f)† *entertainment, amusement*
divorcé *divorced*
docteur (m) *doctor*
†documentaire (m) *documentary (film)*
doigt (m) *finger*
domicile (m) *home, abode*
dommage! *a pity!*
donc *thus, then, so*
donner *to give*
†dont *of whom, of which*
dormir *to sleep*
†dors/dormez bien! *sleep well!*
dortoir (m) *dormitory*
dos (m) *back*
douane (f) *customs*
douanier (m) *customs officer*
doucement *gently, quietly*
douche (f) *shower*
†doute: sans — *no doubt, probably*
†douter *to doubt*
†doux (douce) *sweet, gentle*
douzaine (f) *dozen*
drap (m) *sheet*
droit (m) *right*
à droite *(on/to the) right*
drôle *funny, comic*
†dur *hard*
†durée (f) *length (= time)*
durer *to last*

E

eau (f) *water;* — (non) potable *(non-)
drinking water;* — minérale *mineral
water*
échange (m) *exchange*
†échanger *to exchange, swap*
†éclaircie (f) *bright interval, sunny spell*
école (f) *school*
†économies (f pl.): faire des — *to save, put
by, economise*
écossais *Scottish*
Écosse (f) *Scotland*
écouter *to listen (to)*
†écraser *to crush; to stub out*
écrire *to write*
éducation (f) *education*
†égal *equal, the same;* †ça m'est — *it's all
the same to me*
église (f) *church*
eh bien *well*
†électricien (m) *electrician*
électricité (f) *electricity*
électrique *electric(al)*
électrophone (m) *record player*
†élégant *elegant*
élève (m,f) *pupil*
elle *she*
elles *they*
†embrayage (m) *clutch*
†émission (f) *programme (radio/TV)*
†empêcher *to prevent*
emplacement (m) *place (at camp-site)*
emploi (m) *job, employment;* — du temps
time-table
employé(e) *employee; clerk*
employeur (m) *employer*
emporter: à — *take-away*
†emprunter *to borrow*
en *in*
enchanté *delighted*
encore *again; still*
†endroit (m) *place*
enfant (m,f) *child*
enfin *finally, at last*
†enregistrer *to record*
†enrhumé *having a cold*
enseignement (m) *teaching, education*
†ensemble *together*
†ensoleillé *sunny*
ensuite *then, next*
ennuyeux *boring*
†s'ennuyer *to get bored*

entendu *agreed*
†entièrement *entirely, completely*
†s'entendre *to agree; understand each
other*
†entra'acte (m) *interval (theatre)*
entre *between*
entrée (f) *entrance; starter (meal)*
entrer *to enter, go in*
enveloppe (f) *envelope*
†environ *about, approximately*
envoyer *to send*
épicier (m) *grocer*
épicière (f) *grocer*
épicérie (f) *grocer's shop*
épouse (f) *wife*
épouser *to marry*
époux (m) *husband*
équipe (f) *team*
erreur (f) *error, mistake*
escalier (m) *staircase, stairs;* †— roulant
escalator
Espagne (f) *Spain*
espagnol *Spanish*
espérer *to hope*
†espionnage (m) *spying*
essayer *to try*
essence (f) *petrol*
essentiel *essential, of first importance*
essuie-mains (m) *towel*
†s'essuyer *to dry o.s.*
est (m) *east*
estomac (m) *stomach*
et *and*
étage (m) *storey, floor*
†état (m) *state, condition;* †en bon
(mauvais) — *in good (bad) condition*
États-Unis (m pl.) *United States*
été (m) *summer*
†étonnant *surprising, astonishing*
†étonner *to surprise, astonish*
être *to be*
étrange *strange*
étranger (m) *stranger;* à l' — *abroad*
étroit *narrow*
étude (f) *study*
étudiant(e) (m,f) *student*
étudier *to study*
Europe (f) *Europe*
européen(ne) *European*
eux *they/them*
évier (m) *sink*
exact *exact*

exactement *exactly*
†exagérer *to exaggerate*
examen (m) *exam*
excursion (f) *excursion, trip*
†excuser *to excuse;* je m'excuse *I'm sorry;* excusez-moi *excuse me*
excellent *excellent*
exemple (m) *example*
†exister *to exist*
†expliquer *to explain*
express (m) *fast train, express*
extraordinaire *extraordinary*
extrêmement *extremely*

F

face: en — (de) *opposite*
†fâché *angry*
facile *easy*
facteur (m) *postman; factor*
faible *weak*
faim (f) *hunger;* j'ai — *I'm hungry*
faire *to do, to make;* † — attention *to pay attention;* — de l'auto-stop *to go hitchhiking;* — du bricolage *to do odd jobs (DIY);* — du camping *to go camping;* — les courses *to do the shopping;* — la cuisine *to do the cooking;* † — faire des économies *to save (money etc.);* † — erreur *to make a mistake;* † — la lessive *to do the washing;* — mal *to hurt;* — le ménage *to do the housework;* † — nettoyer *to have cleaned;* — le plein *to fill up (with petrol);* — des promenades *to go for walks;* † — réparer *to have repaired;* — la vaisselle *to do the washing up;* †se — bronzer *to get suntanned;* †se — mal *to hurt o.s.*
ça fait *that makes (= that comes to)*
†familial *of the family*
famille (f) *family*
fatigué *tired*
faut: il — *it is necessary*
faute (f) *fault, error, mistake*
fauteuil (m) *(arm) chair*
faux (fausse) *false, wrong*
félicitations (f pl.) *congratulations*
féliciter *to congratulate*
femme (f) *woman; wife*
fenêtre (f) *window*

fente (f) *slot (in box, machine)*
ferme (f) *farm*
fermé *closed*
fermer *to close*
fermeture annuelle *annual holiday (shop closed)*
fermier (m) *farmer*
fermière (f) *woman farmer*
ferry (m) *ferry (boat)*
feu (m) *fire*
feuilleton (m) *serial (TV, radio, book, etc.)*
feu rouge (m) *traffic lights*
†fiançailles (f pl.) *engagement*
fiancé (e) (m,f) *fiancé(e)*
fiche (f) *sheet, form, slip (of paper)*
fille (f) *girl; daughter*
†fier (fière) *proud*
†fièvre (f) *high temperature, fever*
film (m) *film;* — d'amour *romantic film;* — d'épouvante *horror film;* — comique *comedy film;* — policier *thriller*
fils (m) *son*
fin (f) *end*
finir *to finish*
†fixer *to fix*
†flash (m) *flash; news-flash*
fleur (f) *flower*
†fleuve (m) *(tidal) river*
fois (f) *time (= 1 occasion)*
†foncé *dark (of colour)*
football (m) *football*
†forêt (f) *forest*
†forme (f) *form, shape*
formidable *tremendous*
formidablement *tremendously*
†formulaire (m) *form*
fort *strong*
†fou (folle) *mad*
†se fouler la cheville *to sprain o.'s ankle*
fourchette (f) *fork*
fragile *fragile*
frais (fraîche) *fresh*
framboise (f) *raspberry*
fraise (f) *strawberry*
franc (m) *franc (currency)*
français *French*
France (f) *France*
franchement *frankly*
frein (m) *brake*
freiner *to brake*

†fréquenter to frequent (= *go often to*)
frère (m) *brother*
frigo (m) *fridge*
frites (f pl.) *chips*
froid *cold*
fromage (m) *cheese*
†frontière (f) *frontier, border*
fruit (m) *fruit*
fruits de mer *sea-food*
†fumer *to smoke*
(non-) fumeur *(non-)smoking compartment*
†furieux *furious*

Grande Bretagne (f) *Great Britain*
grand-mère (f) *grandmother*
grand-parent *grandparent*
grand-père (m) *grandfather*
gratuit *free, for nothing*
†grave *serious, grave*
†gravement *gravely, seriously*
†grippe (f) *'flu*
gris *grey*
gros(se) *big (= fat)*
groupe (m) *group*
†guerre (f) *war*
guichet (m) *booking office, ticket office*
†guide (m) *guide*
gymnastique (f) *gymnastics*

G

gagner *to reach, win*
Galles: Pays (m) de — *Wales*
gallois *Welsh*
gant (f) *glove*; † — de toilette *(glove) flannel*
garage (m) *garage*
garagiste (m) *garage owner, garage mechanic*
garantir *to guarantee*
garçon (m) *boy;* — de café *(café) waiter*
gardé *protected*
garder *to keep, guard, protect*
gardien(ne) (m,f) *attendant, warden*
gare (f) *(railway) station;* — routière *bus station*
gas-oil (m) *diesel*
gâteau (m) *cake*
la gauche *the left*
gauche: à — *at on to the left*
gaz (m) *gas*
geler *to freeze*
†gendarme (m) *policeman*
†gendarmerie (f) *police headquarters*
général: en — *in general*
généralement *generally*
gens (pl.) *people*
gentil(le) *kind, nice*
géographie (f) *geography*
glace (f) *ice(cream)*
gorge (f) *throat*
†goût (m) *taste*
†grâce à *thanks to*
gramme (m) *gram(me)*
grand *big, tall, great*

H

habitant(e) (m, f) *inhabitant*
habiter *to live (in)*
habitude: d' — *usually*
haricot (m) vert *green bean*
†(en) haut *high; (upstairs)*
†hélas! *alas!*
herbe (f) *grass*
heure (f) *hour, time;* †à l' — *on time*
†heureusement *happily, fortunately*
heureux *happy, fortunate*
†heurter *to bump, knock into*
†hier *yesterday*
histoire (f) *history*
historique *historic*
hiver (m) *winter*
HLM (f) *council-flat, -house (approx.)*
†hockey (m) *hockey*
homme (m) *man*
†honnête *honest*
hôpital (m) *hospital*
horaire (m) *timetable (railway, bus, etc)*
†horloge (m) *large (outside) clock*
†horreur: avoir — de *to have a horror of, to loathe*
hors d' œuvre (m) *appetiser*
hospitalité (f) *hospitality*
hôtel (m) *hotel;* — de ville *town hall*
hôtesse de l'air (f) *air hostess*
†humide *wet, damp*
hypermarché (m) *hypermarket*

I

ici *here*
idée (f) *idea*
identité (f) *identity*
il *he, it*
il y a *there is, there are; ago;*il y aura *there will be*
ils *they*
†île (f) *island*
†immédiatement *immediately*
immeuble (m) *block of flats*
imperméable (m) *raincoat*
important *important*
†importe: n'—*no matter (what)*
†impossible *impossible*
†inadmissible *unacceptable*
†indiquer *to indicate, point out*
industrie (f) *industry*
industriel *industrial*
infirmier (m) *male nurse*
infirmière (f) *nurse*
informations (f pl.) *the news*
†informer *to inform*
†inquiet (inquiète) *worried*
†s'inquiéter *to worry*
†insecte (m) *insect*
†insolation (f) *sunstroke*
instant (m) *instant, moment*
†instrument (m) *instrument*
†insulter *to insult*
†insupportable *unacceptable, unbearable*
intelligent *intelligent*
†intention (f) *intention*
†interdire *to forbid*
interdit (de) *forbidden to;* †il est — de *it is forbidden to*
intéressant *interesting*
s'intéresser à *to be interested in*
inutile *useless; unnecessary*
invitation (f) *invitation*
inviter *to invite*
irlandais *Irish*
†Irlande (f) (du Nord) *(Northern) Ireland*

J

jambe (f) *leg*
jambon (m) *ham*
jardin (m) *garden*
jaune *yellow*
jean (m) *jeans*

†jeton (m) *(phone) disc*
jeu (m) *game*
jeune *young*
jeune fille (f) *girl, young lady*
jeune homme (m) *young man*
†jeunesse (f) *youth*
joli *pretty*
jouer (au hockey, du piano) *to play (hockey, the piano)*
jouet (m) *toy*
joueur (m) *player*
joueuse (f) *player*
jour (m) *day; light*
journal (m) *(news) paper*
journée (f) *day*
jupe (f) *skirt*
jus de fruit (m) *fruit juice*
jusqu'à *until, up to*
juste *just, exactly*

K

képi (m) *kepi*
kilo (m) *kilo*
kilomètre (m) *kilometre;* à . . .—. . . *kilometres (away)*

L

la *the*
là *there*
là-bas *over there, yonder*
laboratoire (m) *laboratory*
†lac (m) *lake*
laid *ugly*
laine (m) *wool*
†laisser *to let, leave;* †—tomber *to drop*
lait (m) *milk*
lampe (f) *lamp;* — électrique *torch*
langue (f) *tongue, language*
lapin (m) *rabbit*
large *wide*
lavabo (m) *washbasin*
†lavage (m) *washing*
laver *to wash*
se laver *to wash o.s.*
†laverie automatique (f) *launderette*
léger (légère) *light*
légume (m) *vegetable*
†lendemain (m) *the next day*

lent *slow*
lentement *slowly*
†lequel *which*
†lessive (f) *washing*
lettre (f) *letter*
†levée *collection (post)*
libre *free;* † — service (m) *self-service*
lieu (m) *place*
ligne (f) *line*
limonade (f) *lemonade*
lire *to read*
liste (f) *list*
lit (m) *bed*
litre (m) *litre*
livre (m) *book*
livre (sterling (f) *pound*
†location (f) *rent(ing)*
loin (de) *far (from)*
†loisir (m) *leisure;* † — s (m pl.) *leisure (spare-time) activities*
long *long;* †le — de *along*
longtemps *a longtime*
louer *to hire, rent*
lourd *heavy*
†loyer (m) *rent*
lui *him; to/for him, to/for her*
lumière (f) *light*
lunettes (f pl.) *glasses*
lycée (m) *grammar school, post-16 college*

M
M *sir; Mr*
   Mme *madame; Mrs*
   Mlle *Miss*
machin (m) *whatsit, thingummibob;* — à laver (f) *washing machine*
magasin (m) *shop*
magazine (m) *magazine*
magnétophone (m) *tape-recorder*
magnétoscope (m) *video-recorder*
maillot de bain (m) *swimming costume*
main (f) *hand*
maintenant *now*
†maire (m) *mayor*
mairie (f) *town hall*
maison (f) *house;* † — des junes *youth centre*
mal *badly;* avoir — à la jambe *to have a bad leg*

†mal (m) de mer *sea-sickness*
malade *ill, sick*
malade (m, f) *patient, ill person*
†maladie (f) *illness*
†malgré *in spite of*
malheureusement *unfortunately*
maman *Mum(my)*
manger *to eat*
manquer *to miss*
manteau (m) *coat*
†maquillage (m) *make-up*
†marchand(e) (m, f) *merchant, tradesman/-woman*
†marchand(e) de légumes *vegetable-seller, green-grocer*
†marchand(e) de fruits *fruiterer, fruit-seller*
marché (m) *market*
marché: bon — *good value, cheaply*
marcher *to walk; to work (= function)*
mari (m) *husband*
marié *married*
†se marier avec *to get married to*
†marque (f) *brand, make*
†marquer *to mark-; to score*
marron *(chestnut) brown*
match (m) *match (in sport)*
†matelas (m) pneumatique *air-bed, lilo*
math (ématique)s (f pl.) *maths*
matière (f) *(school) subject*
matin (m) *morning*
mauvais *bad*
†mayonnaise (f) *mayonnaise*
mécanicien(ne) (m, f) *mechanic*
médecin (m) *doctor*
†mèdecine (f) *medicine*
†médicament (m) *(item of) medicine*
meilleur *better*
†melon (m) *melon*
membre (m) *member; limb*
même *even*
†ménage (m) *household*
menu (m) *menu*
mer (f) *sea*
merci *thank you*
mère (f) *mother*
mesdames *ladies*
mesdemoiselles *(young) ladies*
messieurs *gentlemen*
métal (m) *metal*
les météos (f pl.) *weather forecast*
métier (m) *job, profession*

mètre (m) *metre;* à . . .—s . . . *metres (away)*

métro (m) *underground (= tube)*

mettre *to put;*—à la poste *to post*

†se mettre en colère *to get angry*

†meuble (m) *(item of) furniture*

†meublé *furnished*

†Michelin rouge (m) *Michelin guide*

†micro (ordinateur) (f) *micro-computer*

midi (m) *midday*

Midi (m) *the South of France*

mieux *better* †aller — *to be/get better;* †il vaut — *it is better*

†milieu: au — de *in the middle of*

mille *thousand*

million *million*

mince *thin; a bit much!*

minuit (m) *midnight*

minute (f) *minute;* †à . . . —s . . . *minutes (away)*

Mistral *Mistral wind, a cold north east wind common in Provence*

moche awful, ugly, ghastly

mode (f) *fashion*

moderne *modern*

moi *I, me, to me*

(un peu) moins *(a little) less*

mois (m) *month*

†moitié (f) *half*

†moment (m) *moment*

mon, ma, mes *my*

Mon Dieu! *Good Lord!*

monde (m) *world;* beaucoup de — *a lot of people*

monnaie (f) *change (money)*

montagne (f) *mountain*

monter *to climb-; to get in (vehicle)*

montre (f) *watch*

montrer *to show*

monument (m) *monument; (historic) building*

morceau (m) *bit, piece*

†mort (f) *death*

†mort (adj.) *dead*

mot (m) *word*

†moteur (m) *engine*

moto (f) *motor-bike*

mouchoir (m) *handkerchief*

†mouillé *wet, soaked, drenched*

†moutarde (f) *mustard*

mouton (m) *sheep*

†mourir *to die*

†moyen(ne) *average*

municipal *municipal, town-*

mur (m) *wall*

musée (m) *museum*

†musicien(ne) (m, f) *musician*

musique (f) *music*

N

nager *to swim*

†naissance (f) *birth*

naître *to be born*

natation (f) *swimming*

†national *national*

†naturel *natural*

†naturellement *naturally, of course*

né(e) à *born at*

nécessaire *necessary*

neige (f) *snow*

neiger *to snow*

neigeux *snowy*

n'est-ce pas? *isn't it? /don't you think so? etc.*

†net(te) *neat, tidy; net (price)*

nettoyer *to clean*

†nettoyage à sec (m) *dry-cleaning*

neuf *new;* tout —*brand new*

†neveu (m) *nephew*

nez (m) *nose*

†nièce (f) *niece*

Noël (m) *Christmas;* Joyeux —! *Merry Christmas!*

noir *black*

nom (m) *name*

non *no*

non plus *neither*

nord *north*

normal *normal*

normalement *normally*

note (f) *note; mark;* —s *(school) marks*

nous *we, us*

nouveau/nouvelle *new*

†nouveau: de — *again*

†se noyer *to drown*

nuage (m) *cloud*

nuit (f) *night*

numéro (m) *number*

†nylon (m) *nylon;* †une paire de — s *a pair of stockings*

O

objets trouvés (m pl.) *lost property*
obligatoire *compulsory, has to be done*
occupé *occupied, taken*
†s'occuper à *to keep busy doing*
†s'occuper de *to deal with*
odeur (f) *smell, odour*
œil (m) (pl. yeux) *eye*
œuf (m) *egg*
†offrir *to offer*
†oh, là! là! *hey! hey!*
†oignon (m) *onion*
oiseau (m) *bird*
omelette (f) *omelette*
†(omni)bus (m) *bus*
on *one (= person); we*
oncle (m) *uncle*
opéra (m) *opera*
†opération (f) *operation*
†opératrice (f) *operator*
opinion (f) *opinion*
†opticien(ne) (m, f) *optician*
†optimiste (m, f) *optimist*
orage (m) *storm*
orageux *stormy*
orange (f) *orange*
†orangina (f) *(fizzy)orange drink*
orchestre (m) *band, orchestra*
ordinaire *ordinary*
ordinairement *ordinarily*
†ordonnance (f) *prescription*
oreille (f) *ear*
oreiller (m) *pillow*
oser *to dare*
ou *or*
où *where;* d' —*from where*
oublier *to forget*
ouest *west*
oui *yes*
ouvert *open*
†ouvreuse (f) *usherette*
†ouvrier/ouvrière (m, f) *worker*
ouvrir *to open*

P

†en PCV *reversed charges*
les P et T/les PTT *the Post Office*
†paiement (m) *payment*
pain (m) *bread*
paire (f) *pair*

†paisible *peaceful*
une panne *breakdown;* en —*broken down*
†pansement (m) *bandage, dressing (wound)*
pantalon (m) *trousers*
papa (m) *Dad(dy)*
†papier peint (m) *wallpaper*
†papiers (m pl.) *papers*
paquet (m) *parcel, packet*
par *by, through, per;* —ici *this way;* — jour *per day;* —là *that way;* —nuit *per night;*
par personne *per person*
paraître *to appear*
parapluie (m) *umbrella*
parc (m) *park*
parce que *because*
†par-dessous *below*
†par-dessus *(over and) above*
pardon *pardon, excuse me*
†pardonner *to forgive*
parents (m pl.) *parents; relations*
paresseux *lazy*
parfait *perfect*
parfum (m) *perfume; flavour*
†parfumerie (f) *perfumier's*
parking (m) *car park*
parler *to speak*
†part: de la —de *on behalf of;* †quelque — *somewhere*
partir *to leave, depart;* à —de *from . . . on*
partout *everywhere*
pas *not;* —de quoi *not; not at all (= don't mention it);* —mal *not bad*
passage (m) *passage, crossing;* —protégé *pedestrian crossing*
passionnant *exciting*
passant(e) (m, f) *passer-by*
passeport (m) *passport*
passe-temps (m) *pastime*
passer *to pass;* †spend *(time)*
se passer *to happen, come about*
pastille (f) *pastille, lozenge*
patient(e) (m,f) *(medical) patient*
patient *patient*
pâté (m) *pâté*
pâte dentifrice (f) *tooth-paste*
pâtisserie (f) *cake-shop*
patron(ne) (m, f) *boss; owner*
†pauvre *poor*
payant *not free*
payer *to pay*

pays (m) *country, land*
Pays de Galles (m) *Wales*
paysage (m) *countryside, landscape*
péage (m) *toll*
pêche (f) *fishing*
†peine (f) *difficulty, bother, trouble;* †ce
  n'est pas la — *it's not worth the bother;*
  à — *hardly, scarcely*
† pellicule (f) *film*
pendant *during*
penser *to think*
pension (f) *boarding-house, boarding-
  school;* †demi — *half-board;* — com-
  plète *full board*
perdre *to lose*
†se perdre *to get lost*
père (m) *father*
†permanent *continuous;* †séance (f) — e
  continuous performance (cinema)
permis de conduire (m) *driving licence*
†permis: il est — de *you are allowed to*
permission (f) *permission*
personne *no one, nobody*
personne (f) *person*
†pessimiste (m,f) *pessimist*
petit *small, little*
petit déjeuner (m) *breakfast*
†petit-fils (m) *grandson*
†petite-fille (f) *granddaughter*
†petits-enfants (m, f pl.) *grandchildren*
petits pois (m pl.) *green peas*
peut-être *perhaps*
pharmacie (f) *chemist's*
†pharmacien(ne) (m, f) *chemist*
photo (f) *photo*
phrase (f) *sentence*
physique (f) *physics*
piano (m) *piano*
†pichet (m) *small jug*
pièce (f) *room; coin;* — d'identité (f)
  means of identity; — de rechange *spare
  part;* — de théâtre *play*
pied (m) *foot;* à — *on foot*
†piéton(ne) (m, f) *pedestrian*
†pile (f) *battery*
pilule (f) *pill*
†pilote (m, f) *pilot*
piquant *hot, spicy (sauce)*
pique-nique (m) *picnic*
piscine (f) *swimming baths, pool*
†pittoresque *picturesque*
placard (m) *cupboard (wall)*

place (f) *place; square (town)*
plage (f) *beach*
†se plaindre *to complain*
†plaire *to please*
s'il vous plaît *please*
†plaisir   (m)   *pleasure;* avec — *with
  pleasure*
plan (m) *map, plan*
†plante (f) *plant*
plastique *plastic*
plat (m) *dish (to eat);* — du jour *dish of
  the day;* — s cuisinés *cooked dishes,
  cooked meals*
plateau (m) *tray*
plein: faire le — *to fill up (with petrol)*
†pleurer *to cry*
pleuvoir *to rain*
†plombier (m) *plumber*
pluie (f) *rain*
†la plupart de *most*
plus *more;* — tard *later*
plusieurs *several*
plutôt *rather*
†pluvieux *rainy*
pneu (m) *tyre*
†poche (f) *pocket*
†poêle (f) *frying pan*
†poids lourd (m) *heavy goods vehicle*
point (m) *point;* †sur le — de *on the point
  of, about to*
point: à — *well done (steak)*
pointure (f) *size (shoes)*
poire (f) *pear*
poison (m) *poison*
poisson (m) *fish*
†poivre (m) *pepper*
poli *polite*
police (f) *police, policy*
†police d'assurance *insurance policy*
†police-secours *999*
policier (adj.) *crime, thriller*
pomme (f) *apple*
pomme (f) de terre *potato*
pompier (m) *fireman*
†pompiste (m, f) *petrol attendant*
pont (m) *bridge*
porc (m) *pork; porker*
port (m) *port, harbour*
porte (f) *door, gate*
†portefeuille (m) *wallet*
†porte-monnaie (m) *purse*
porter *to carry; to wear*

porteur (m) *porter (station, etc.)*
portier (m) *(hotel) porter*
†portière (f) *car door*
poser *to put down; to put a question*
possible *possible*
poste (f) *post (office);* †—restante *post restante*
poste (m) *set (e.g. TV), station*
†poste de police (m) *police station*
poster *to post*
poster (m) *poster*
(non-) potable *(un)fit for drinking*
potage (m) *soup*
poubelle (f) *dustbin, waste-paper basket*
poule (f) *hen*
poulet (m) *chicken*
pour *for*
†pourboire (m) *tip (in pub, restaurant, etc.)*
pourquoi *why*
pousser *to push*
pouvoir *to be able to*
pratique *practical*
préféré *favourite, preferred*
préférer *to prefer*
premier *first*
prendre *to take;*—un bain *to have a bath;*—une douche *to have a shower;*—le (petit) déjeuner *to have breakfast;*—rendez-vous *to have a meeting*
prénom (m) *first (Christian) name*
préparer *to prepare, get ready*
près (de) *near (to)*
présent *present*
présenter *to present, introduce*
†se présenter *to introduce o.s.*
†presque *almost*
†pression (f) *draught beer*
†prêter *to lend*
prévoir *to foresee*
†prie: je vous en —! *don't mention it!*
printemps (m) *spring*
priorité à droite *give way to the right*
†prise (f) de courant *plug; power point*
privé *private*
proche *near*
prochain *next*
prix (m) *price; prize;*†—maximum *top price;*†—minimum *bottom price*
problème (m) *problem, difficulty*
professeur (m, f) *teacher*

profession (f) *profession, job*
programme (m) *programme; program*
progrès (m) *progress*
promenade: faire une—*go for a walk*
se promener *to walk*
†promettre *to promise*
†prononcer *to pronounce*
proposer *to propose, suggest*
propre *(in front of noun) own; (after noun) clean*
†protester *to protest*
†prouver *to prove*
provenance: en—de *coming from*
provisions (f pl.) *shopping; groceries*
public (-ique) *public*
publicité (f) *publicity; (radio, TV) commercial*
puis *then, next*
†puis-je? *may I?*
†puisque *since (= because)*
pull (over) (m) *pullover, sweater*
pyjama (m) *pyjamas*

Q

quai (m) *platform, quay*
quand *when;*—même *all the same*
quantité (f) *quantity*
quart (m) *quarter*
quartier (m) *district (of town)*
que *what?; that*
qu'est-ce que? *what?*
qu'est-ce qu'il y a? *what's the matter?*
quel(le)(s) *what, which*
quelque *some (or other)*
quelque chose *something*
quelquefois *sometimes*
quelqu'un *some one, somebody*
question (f) *question*
qui *who*
quinze jours *a fortnight*
quitter *to leave*
ne quittez pas! *hold on! (phone)*
quoi *what*

R

†raccommoder *to mend, repair*
†raccrocher *to ring off (phone), hang up*
raconter *to tell, relate*

radiateur (m) *radiateur*
radio (f) *radio*
raison (f) *reason*
raison: avoir – *to be right*
†ralentir *to slow down*
†randonnée (f) *outing, trip, excursion*
ranger *to tidy*
rapide (m) *express train*
rapide (adj.) *rapid, fast*
rapidement *rapidly*
†rappeler *to recall*
†se rappeler *to remember*
rare *rare*
rarement *rarely*
rasoir (m) (électrique) *(electric) razor*
ravi *delighted*
rayon (m) *shelf; ray*
réception (f) *reception*
réceptionniste (m, f) *receptionist*
†recevoir *to receive*
†réclamation (f) *complaint, objection*
recommander *to recommend*
†recommencer *to start again*
†récompense (f) *reward, recompense*
†reconnaître *to recognise*
récréation (f) *play-time, break; relaxation*
†rectangulaire *rectangular*
†reçu *successful; accepted*
réduction (f) *reduction*
refuser *to refuse*
région (f) *region, district*
†règlement (m) *payment (of account)*
regretter *to regret*
†remarquer *to notice*
†rembourser *to pay back*
†remède (m) *remedy*
remercier *to thank*
†remplacer *to replace*
remplir *to fill*
(se) rencontrer *to meet*
rendez-vous (m) *meeting, meeting-place*
†rendre *to give back*
renseignements (m pl.) *information*
rentrée (f) *return, homecoming; beginning of term*
rentrer *to return, go back in*
†renverser *to knock over*
†réparation (f) *repair*
réparer *to repair*
repas (m) *meal;* —froid *packed meal (picnic), cold meal*
répéter *to repeat*

répondre *to reply*
réponse (f) *reply*
†(se) reposer *to rest*
réservation (f) *reservation*
réserver *to reserve*
†respecter *to respect*
†responsable *responsible, in charge*
restaurant (m) *restaurant*
rester *to stay*
résultat (m) *result*
retard: en — *late*
†retour: de — *back*
†retourner *to go back*
†retrouver *to find (again)*
†réunion (f) *meeting*
réussir *to succeed*
se réveiller *to wake up*
revenir *to come back*
revoir: an — *good-bye*
revue (f) *review; magazine*
rez-de-chaussée (f) *ground floor*
riche *rich*
rideau (f) *curtain*
rien *nothing;* de — *don't mention it, it's nothing*
rire *to laugh*
†risque (m) *risk*
rivière (f) *river (non-tidal)*
robe (f) *dress*
robinet (m) *tap*
†rond *round*
rôti *roast*
†roue (f) de secours *spare wheel*
rouge *red*
†rouler *to drive, roll along (car)*
route (f) *road, route*
roux (-ousse) *red (hair), russet, ginger*
†Royaume-Uni (m) *United Kingdom*
rue (f) *street, road*
rugby (m) *rugby*

S

†SI (m) (= Syndicat d'Initiative) *information office*
†SNCF (f) (= Société Nationale des Chemins de fer Français) *French Rail*
sac (m) *bag, sack;*† — à dos *rucksack;* — à main *handbag;*† — de couchage *sleeping bag*
†saignant *bleeding, bloody, rare (of meat)*

saison (f) *season*
salade (f) *lettuce, salad*
†salaire (m) *salary, wages*
†salarié *salaried, waged*
†(non)-salarié *(un) waged*
sale *dirty, filthy*
salé *salted*
salle (f) *(large) room*; — à manger *dining-room*; — d'attente *waiting-room*; — de bain(s) *bathroom*; †— de consultation *surgery*; — de jeux *games room*; — de séjour, le séjour *living-, sitting-room*
salon (m) *sitting-room*
salut! *hullo! hi!*
sandale (f) *sandal*
sans *without*
(à ta) santé! (f) *good health!*
sandwich (m) *sandwich*
saoul *drunk*
†sardine (f) *sardine*
†satisfait *satisfied*
saucisson (m) *(dried) sausage*
sauf *except for, with the exception of*
savoir *to know (how to)*
savon (m) *(cake of) soap*
science (f) *science*
scooter (m) *scooter* (motor)
séance (f) *meeting, showing, performance*; — permanente *continuous performance (cinema)*
†sec (sèche) *dry*
secondaire *secondary*
seconde *second*
secrétaire (m, f) *secretary*
section (f) *section; department*
séjour (m) *stay, holiday; living-room*
sel (m) *salt*
semaine (f) *week*
†sembler *to seem, appear*
†sens unique (m) *one-way (street)*
sensas! *great!, fantastic!, sensational!*
sentir, se sentir *to feel*
séparé *separate(d)*
sérieux (euse) *serious, responsible*
†sers-toi *help yourself*
serveuse (f) *waitress*
†servez-vous *help yourself*
servi *served*
service (m) *service, service charge*
†service (non) compris *service (not) included*
serviette (f) *serviette, towel*

servir *to serve*
seul *alone*
seulement *only*
sexe (m) *sex, gender*
†shampooing (m) *shampoo*
†short (m) *shorts (pair of)*
si *if, whether; oh, yes (in answer to 'no' query)*
†siècle (m) *century*
signature (f) *signature*
signer *to sign*
silence (m) *silence*
s'il te (vous) plaît *please*
simple *simple*
un (billet) simple *single (ticket)*
†sirop (m) *syrup*
†situation (f) *situation, job*
situé *situated*
ski (m) *ski; faire du – to go skiing*
slip (m) *(under)pants, briefs*
†société (f) *society, company*
sœur (f) *sister*
soif (f) *thirst*
soir (m) *evening*
†soirée (f) *(one particular or special) evening*
soldes (m pl.) *sales goods, bargains*
soleil (m) *sun*
solide *solid*
sommet (m) *top (of mountain, hill)*
une sorte de *a sort of*
son, sa ses, etc. *his, her it's*
son et lumière (m) *son et lumière*
sonner *to ring (of bell)*
sortie (f) *exit*; — de secours *emergency exit*
sortir *to go out, leave*
soucoupe (f) *saucer*
†soudain *suddenly*
†souffrant *unwell, poorly, suffering*
souffrir *to suffer*
†souhaiter *to wish (for)*
soupe (f) *soup*
†sourire *to smile*
sous *under(neath)*
sous-sol (m) *basement, cellar*
†sous-titre (m) *subtitle*
†se souvenir (de) *to remember*
souvent *often*
sparadrap (m) *sticking plaster*
spécialité (f) *speciality*
spectacle (m) *show, spectacle*

sport (m) *sport;* — d'hiver *winter sports*
sportif (-ive) *sporting*
stade (m) *stadium*
station(-service) (f) *(service) station*
†stationnement (m) *parking*
stationner *to park*
steak (m) *steak*
stylo (m) *pen*
sucre (m) *sugar*
†sucré *sweet (sugared)*
sud (m) *south*
suffire *to suffice, to be sufficient*
ça suffit *that's enough*
†suggérer *to suggest*
†suivre *to follow*
super *super*
supermarché (m) *supermarket*
supplément (m) *supplement, additional payment*
†supplémentaire *additional*
†supposer *to suppose*
sur *on(to)*
sûr *sure*
surnom (m) *nickname*
†surprenant *surprising*
surprise (f) *surprise*
surprise-partie (f) *party*
†sympathie (f) *sympathy; liking*
sympathique, sympa *sympathetic; likeable*
†syndicat (m) *trade union*
syndicat d'initiative *information office*
†syndiqué *unionised, union member*

T
tabac (m) *tobacco, tobacconist's*
table (f) *table*
taille (f) *waste, shape*
†se taire *to fall quiet, shut up*
tant *so much, so many;* — mieux *so much the better;* † — pis *so much the worse*
tante (f) *aunt*
tard *late*
tarif (m) *price list, scale of charges;* plein — *full fare, full price*
tarte (f) *tart*
tasse (f) *cup*
†taxe (f) *tax, duty; fixed price*
taxi (m) *taxi*
†télé-journal (m) *TV news magazine*
†télégramme (m) *telegram*

téléphone (m) *telephone*
téléphoner *to telephone*
†téléviseur (m) *television set*
télévision (f) *television*
tel(le)(s) *such*
†tellement *so (much)*
température (f) *temperature;* †avoir de la — *have a high temperature*
†témoin (m) *witness*
†tempête (f) *storm, tempest*
†temporaire *temporary*
temps (m) *weather; time;* de — en — *from time to time*
tennis (m) *tennis; pl. = tennis shoes*
tente (f) *tent*
terrain (m) *court, pitch (sport)*
tête (f) *head*
thé (m) *tea*
théâtre *theatre*
†théière (f) *tea-pot*
ticket (m) *ticket*
†tiens (tenez)! *tut! tut!; here you are*
timbre (m) *stamp;* — à 1 fr. *1 fr. stamp*
timide *timid, shy*
tirez *pull*
†titre (m) *title*
toi *you*
toilette (f) *toilet*
tomate (f) *tomato*
tomber *to fall*
†tonalité (f) *dialling tone*
tôt *soon*
toujours *always*
Tour de France (m) *around France cycle-race*
†tourisme (m) *tourism*
touriste (m, f) *tourist*
tourner *to turn*
tout(e)(s), tous *all*
tout: — à coup *all of a sudden, suddenly;* † —à fait *completely;* † — à l'heure *just now;* † —de suite *straightaway;* — droit *straight on (ahead);* —le monde *everybody;*†—neuf *brand new;*†—e l'année *all the year;* — es directions *all directions*
†traduire *to translate*
train (m) *train*
tranche (f) *slice*
transistor (m) *transistor (portable radio)*
†tranquille *quiet, tranquil*
travail (m) *work*

travailler *to work*
travaux (manuels) (m pl.) *roadworks, men at work*
traverser *to cross*
très *very*
†tricot (m) *jumper, jersey*
triste *sad*
†se tromper (de) *to make a mistake (about), get wrong*
trop *too*
†trottoir (m) *pavement*
†trou (m) *hole*
trouver *to find*
se trouver *to be found, situated*
truc (m) *thingummibob, whatsit*
†truite (f) *trout*
†tube (m) *tube*
†tuer *to kill*
typique *typical*

U

unique *unique, only*
†université (f) *university*
†urgent *urgent*
usine (f) *factory*
utile *useful*
†utiliser *to use*

V

vacances (f pl.) *holidays;* être en — *to be on holiday;* les grandes — *the long (summer) holidays;* partir en — *to go off on holiday*
vache (f) *cow*
valise (f) *case*
†vallée (f) *valley*
vanille (f) *vanilla*
†variable *changeable, liable to change*
†variété (f) *variety*
†vaut: il — mieux *it is better*
veau (m) *calf; veal*
vedette (f) *star (entertainment)*
véhicule (m) *vehicle*
vélo (m) *bicycle*
vélomoteur (m) *moped*
vendeur (m), vendeuse (f) *salesperson*
vendre *to sell*
venir *to come*

vent (m) *wind*
ventre (m) *stomach*
vérifier *to check*
ver (m) *worm*
verre (m) *glass*
†vers *towards*
version (f) française (originale, bleue) *French (original, blue) version*
veste (f) *jacket*
vêtements (m pl.) *clothes*
†veuf (-euve) *widowed*
viande (f) *meat*
†vide *empty*
vie (f) *life*
vieux/vieille *old*
village (m) *village*
ville (f) *town*
vin (m) *wine*
†visibilité (f) *visibility*
visite (f) *visit; (guided) tour*
visiter *to visit*
visiteur (-euse) (m, f) *visitor*
vite *quickly*
†vitesses (f pl.) *gears (of car, etc.)*
†vitrine (f) *window (shop); display cabinet*
†vivant *alive*
†vivre *to live*
voici *here is, are*
voie (f) *way, track*
voilà *there is, are*
voir *to see*
se voir *to see each other*
†voisin(e) (m, f) *neighbour(ing)*
voiture (f) *car, vehicle*
voix (f) *voice*
vol (m) *flight; theft*
voler *to fly; to steal*
†volontiers *willingly*
†vomir *to be sick, vomit*
voudrais: je (ne) — (pas) *I would(n't) like*
vouloir *to want, wish, like;* † — bien *to want (very much) to*
vous *you*
vouloir dire *to mean*
voyage (m) *voyage, journey;* agence (f) de — s *travel agency;* bon — ! *safe journey!*
voyageur (-euse) (m, f) *traveller*
vrai *true, real*
vraiment *truly, really*
vue (f) *sight, view*

W

WC (m) *WC, toilet*
weekend (m) *weekend*
western (m) *western (film)*

Y

y *there*
yaourt (m) *yogurt*
yeux (m pl.) *eyes*

Z

zéro (m) *nought*
†zone (f) *zone, area;* † — piétonne *pedestrian precinct*
†zoologique (m): jardin — *zoo*
zut! *damn!, blast!, hang it!*

Acknowledgements

The author and publishers are pleased to acknowledge the following sources for material reproduced in this book:

Jacinthe (July 1985), for 'Frankie goes to . . .Paris' (pp. 60–61); Knorr CPC Europe (p. 41); *Le Matin* (27 August 1985) for 'Who's for tennis' (p. 59); *Midi Libre* (22 May 1985) for '30 degrés facilement' (p. 54); *Le Parisien* (27 August 1985) for 'Ça va s'arranger' (p. 55), and 'Horoscopes' (pp. 56–7); *Sud-Ouest* (22 August 1985) for 'Biarritz: Âllo! me vois-tu?' (p. 53); *Var Matin République* (10 August 1985) for 'L'inconnu du Nord Express' (p. 52).